FOTOGRAFÍA ANALÓGICA
La técnica de los profesionales

Autor: Adolfo Pérez Agustí

Edita: Ediciones Masters
edicionesmasters@gmail.com
www.edicionesmasters.com

La fotografía probablemente es la afición más generalizada en el mundo y es difícil imaginar a una familia donde, por lo menos, uno de sus miembros no posea una cámara o no haya aparecido en una fotografía. Incluso con el nacimiento de la cámara de vídeo, cuyos aficionados aseguraban abandonar para siempre la fotografía, el mundo de la cámara fotográfica ha continuado imparable con nuevas marcas y modelos que aparecen cada año.

Y es que nada se puede comparar a mirar una fotografía que ha capturado para siempre un momento determinado de nuestras vidas. Aunque las películas familiares rodadas en vídeo consiguen que podamos realizar un viaje en el tiempo, al pasado, una y otra vez, recordando no solamente a las personas sino también sus voces, la fotografía logra mostrar aquello que el ojo humano no suele percibir. Esa fracción de segundo, en la cual podemos ver un gesto, situación o característica que se escapa de nuestra percepción visual, queda reflejada para siempre en una fotografía y nos muestra aspectos inéditos de nuestra vida.

Pero no solamente por esto la fotografía ha conseguido permanecer invariable en el mundo entero, anclada como la mejor opción para los recuerdos, sino que es ya imprescindible desde hace muchos años en la prensa diaria, las revistas, las bibliotecas y en el apasionante mundo de Internet.

Cuando usted quiere conocer la vida de alguien, preferentemente quiere que le muestren fotografías y si su deseo es llevar algo de esa persona querida cerca de su corazón, qué mejor que una fotografía en su cartera. También podrá tener una imagen cerca de la cabecera de su cama, en su mesilla de noche, lo mismo que en su mesa de trabajo o en un gran póster colgado en su cuarto y que muestra a su cantante o estrella del cine favorito.

Una fotografía le hará soñar, reír o llorar, según el motivo o la persona que haya quedado plasmada en ella, y seguramente será lo que más eche de menos cuando se le incendien sus enseres o pierda su cartera en la calle. También será capaz de pelear por evitar que alguien le destroce una foto entrañable ante sus ojos, del mismo modo que mostrará una instantánea debidamente ampliada en sus manifestaciones políticas o reivindicativas.

Y es que, no se olvide, una fotografía no solamente detiene el tiempo, ya que lo hace igualmente con las emociones, con los sentimientos, y nada nos hace más humanos que contemplar largamente un recuerdo, un instante de nuestras vidas que nunca más podrá repetirse con tal exactitud.

PRIMERA PARTE

Historia de la Fotografía

En 1839 se difundió velozmente por todo el mundo la noticia de la invención de la fotografía. El público quedó asombrado y hubo muchos que afirmaron que con ella el mundo de la pintura desaparecería, pues no había método más exacto para plasmar la realidad. Dieciséis años más tarde, hacia 1854, ya se podían conseguir retratos económicos en forma de tarjetas de visita producidas en serie y hasta hubo expertos que lograron realizarlas en relieve, lo que implicaba disponer de unas gafas adecuadas para tal efecto.
En 1860, solamente en París, la industria fotográfica daba trabajo a más de 30.000 personas, entre ellos numerosos pintores y dibujantes que estaban sin trabajo y que lograron sobrevivir retocando y coloreando las fotografías.

Pero lo que en un principio parecía solamente un producto más de consumo, se convirtió en algo esencial en todo el mundo científico, especialmente desde que en 1839 se obtuvieron fotografías a través de microscopios y unos años después se pudo fotografiar ya diminutos insectos y ampliarlos hasta 100 veces.

Desde sus inicios, la fotografía se utilizó también en astronomía y las fotos tomadas a través de telescopios ofrecían la ventaja de proporcionar, mediante una larga exposición, imágenes que habitualmente eran imposibles de ver con el ojo humano, como aquellas que llegaban de remotos cuerpos celestes. De pronto, y gracias a la fotografía, el universo se mostró aún más maravilloso y completo.

Las primeras fotografías nítidas de la superficie de la Luna aparecieron en Europa y en América hacia 1850, y el público se entusiasmó con estas nuevas posibilidades, pues se aportaban nuevas pruebas de la inmensidad del espacio. Hacia 1870 se obtuvieron fotografías muy precisas de eclipses y de la corona del Sol y, por fin, en 1887 se pudo realizar el primer atlas estelar fiable con la colaboración de 20 observatorios. Concluyendo con estas primeras aportaciones, en 1912 se imprimieron un total de 20.000 placas que mostraban 50 millones de estrellas. Hasta entonces no se habían catalogado más de 600.000.

La cámara era ya capaz de captar movimientos que escapaban a la visión normal y eso que su obturador apenas podía cerrase en un sesentavo de segundo, muy alejados de los dos mil que es capaz de alcanzar cualquier cámara actual para aficionados.

Esta función resultó útil no sólo para la ciencia sino también en el arte, pues ahora los pintores y escultores podían saber sin error alguno cómo se movían los animales y hasta el mismo ser humano. Ahora ya no eran conjeturas, y las primeras pruebas que se efectuaron con caballos al galope, empleando 24 cámaras que se accionaban secuencialmente y con la máxima velocidad posible en el obturador, permitieron desterrar antiguas polémicas sobre la posición exacta de las patas de un caballo durante el galope. Esto, que en inicio sirvió de guía a los pintores, que conseguían ya detallar a un caballo en movimiento, también aportó datos valiosos a los veterinarios y a los antropólogos, permitiendo mostrar la gran similitud que existe entre todos los seres vivos.

Desde entonces, la fotografía efectuada a gran velocidad y especialmente mediante el efecto estroboscópico, se convirtió en un instrumento indispensable para la investigación. Las secuencias del vuelo de los pájaros contribuyeron a la comprensión de la aerodinámica, lo que condujo a la investigación del aeroplano.

Pero las virtudes de la cámara fotográfica son muy amplias y también hay que mencionar su gran papel como instrumento de reforma social. Muchas veces, su testimonio mudo ha resultado más eficaz que las palabras y por ello numerosos fotógrafos han sido premiados en todo el mundo por su aportación a la denuncia social, mostrando imágenes estremecedoras de barrios miserables, despotismo en algunos gobernantes y condiciones laborales de algunos obreros que se aproximaban más a la esclavitud que al trabajo remunerado. Por desgracia, esta denuncia incuestionable fue pronto entendida por los propios explotadores y dictadores y numerosos fotógrafos pagaron con su vida su atrevimiento.

Hoy en día la televisión sirve perfectamente para estos fines, pero una fotografía que detenga la miseria y la tortura en su punto más álgido puede conmover tanto como el mejor documental filmado. Entre 1905 y 1930, el sociólogo norteamericano Lewis Hine fotografió a los niños que trabajaban en las fábricas, y estas fotografías propiciaron una ley contra la explotación de los niños en el trabajo dictándose normas para impedir que ningún menor de 14 años tuviera que trabajar.

La cámara captó también durante las dos guerras mundiales del siglo XX numerosos actos de violencia y de guerra con un realismo horripilante, muy alejado de la glorificación que mostraban los cuadros en los cuales hasta la muerte de un soldado se plasmaba como un premio al valor y la lealtad.

Hoy, sin embargo, nos encontramos con una avalancha de fotografías violentas que ya no tratan de sensibilizar a las personas sino de impresionarlas para que vibren, y consuman, con todo lo que muestre la miseria y la agresividad.

Su único fin es vender y sacar beneficio económico de estas escenas, contribuyendo con ello a embotar los sentidos e incluso aumentar la tolerancia ante la barbarie mediante el sencillo sistema de hacerlo cotidiano.

Las revistas ilustradas se apresuraron a utilizar estas fotografías documentales y de las primeras impresiones en planchas de madera para realizar xilografías, se pasó a utilizar en la imprenta el fotograbado tramado, lo que aumentó su calidad de impresión.
Hacia 1850 los expertos se dieron cuenta que mostrar la belleza de las personas y la naturaleza también producía beneficios económicos, en ocasiones con mucha rapidez, y se empezaron a usar fotografías para anunciar productos comerciales. Desde ese momento ya no se trataba de mostrar la realidad, buena o mala, fea o hermosa, sino de maquillar y retocar algo o a alguien para que su imagen apareciera esplendorosa, alejada de lo cotidiano y vulgar. Desde ese momento el consumidor tenía una referencia maravillosa de las cosas y le tenía que apetecer comprarlo, aunque luego la realidad no fuera tan hermosa como en el anuncio.
Este comentario sobre la publicidad no debe ser considerado como algo peyorativo pues ha servido para potenciar cada vez más la calidad de las fotografías, ahora mucho menos espontáneas pero más perfectas técnicamente. Cierto es que con este refinamiento se engaña y se presiona

frecuentemente a las personas a que consuman algo que no desean o necesitan, pero también sirve como estímulo para progresar y esforzarse. Con la fotografía publicitaria se ha llegado a unas zonas de perfección impensables para cualquier fotógrafo aficionado, especialmente en el retrato humano pues para ello se dispone de la mejor tecnología y los mejores profesionales.

Pero ¿cuándo aparece la máquina fotográfica como elemento imprescindible en cualquier hogar?. Debemos reconocer que fue en 1888 con la aparición de la manejable cámara Kodak y posteriormente de la económica "Browniw" en 1900. Esta popularización no gustó a los profesionales pero la industria consiguió una gran fuente de ingresos con esta masificación y el progreso tecnológico en cámaras y películas fue enorme, aunque todavía se sigue conservando lo esencial: una cámara oscura dotada de un obturador y una película que será impresa cuando reciba luz.

La Cámara Oscura
Año 1000: Arabia

Fue necesario entender y combinar dos principios científicos - uno óptico y otro químico - para hacer posible la fotografía. El principio óptico se conocía desde finales del siglo IX cuando los astrónomos árabes medían la posición diaria del sol a lo largo del año con un aparato al que se le dio el nombre de "*Camera Obsucura*". Su funcionamiento estaba basado en un principio conocido: si los rayos de luz reflejados por un objeto iluminado pasan por un diminuto agujero en una caja o sala oscura, proyectarán la imagen invertida en una pared o pantalla dentro de la caja.
Los árabes de aquella época ya observaban con precisión los eclipses o las manchas del sol con una cámara oscura y sin esfuerzo para la vista, pues ya no necesitaban torcer el cuello para mirar el Cosmos ni protegerse los ojos para observar el Sol. La imagen reflejada en esa cámara oscura proporcionaba una visión exacta de los contornos y las posiciones cambiantes del Sol, e incluso de la Luna cuando ésta era brillante y clara.

El científico inglés Roger Bacon, en el siglo XIII, viajó hasta esos lugares en los cuales trabajaban los astrónomos árabes y trabajó en los primeros bocetos sobre las propiedades de la cámara oscura, aunque solamente como medio de observación

En el siglo XV, Leonardo da Vinci describió entre sus notas una cámara oscura similar y explicó que si se coloca una hoja de papel blanco verticalmente en una habitación oscura, el observador vería proyectada en ella los objetos del exterior, con sus verdaderas formas y colores. "Parecerá como si estuvieran pintados en el papel", escribió.

Los cimientos estaban puestos y lo único que quedaba por descubrir para poder realizar una fotografía era una forma de fijar para siempre la imagen. Para ello debían encontrar una emulsión sensible a la luz que permitiera oscurecer el papel, lo que ya conocemos como negativo, y un sistema para detener este proceso a voluntad que permitiera fijar la imagen para que no continuara oscureciéndose. La pena es que todos estos experimentos se hicieron muy lentamente, sin coordinación con otros descubrimientos, y nos hemos perdido la posibilidad de contemplar imágenes reales de esos años. Si se hubiera logrado, hoy podríamos tener una foto de Cristóbal Colón.

En el siglo XVI se dio un paso importante cuando se colocó en la pequeña abertura de la caja oscura una lente que no sólo concentraba la luz, sino que proporcionaba cierto control sobre la distancia necesaria para enfocar la imagen en la pantalla. Casi simultáneamente se dirigió la imagen al interior de la cámara oscura y se emplearon espejos para enderezar la imagen invertida.

Este sistema fue aprovechado inicialmente por los pintores, pues les permitía proyectar los objetos en el lugar elegido para sus cuadros y realizar los bocetos con gran precisión.

Las primeras fotografías

Finalmente, en el siglo XIX se ataron los dos cabos de la investigación: el óptico y el químico. Eso fue posible gracias al trabajo de Thomas Wedgwood, hijo de un fabricante inglés de porcelanas, y el químico Humphry Davy. Curiosamente, para conseguir plasmar la imagen en un papel no emplearon una cámara oscura y lo consiguieron poniendo los objetos, hojas y alas de insectos, directamente sobre el papel sensible y exponiéndolas a la luz del sol. Su método era correcto pero no encontraron el modo de fijar los resultados y no se han podido conservar ninguno de sus experimentos.

La misma dificultad encontró en 1816 Joseph Nicéphore, un caballero francés de Chalon-sur-Saone apasionado por inventar cosas, entre ellas un modo de obtener fotografías negativas sobre el papel con una cámara. Su tema elegido era la vista que divisaba desde la ventana de su estudio: un palomar, un granero y el horno de pan de su finca. Sin pretenderlo logró realizar las primeras fotografías en color, aunque tampoco consiguió encontrar los medios químicos para fijar los resultados.

Sin embargo, once años más tarde, en 1827, obtuvo la fotografía más antigua que se conserva. Para ello empleó una cámara dotada de una placa de peltre (aleación de cinc, plomo y estaño), en la cual reflejó la imagen de la mencionada vista desde su estudio.

La placa de peltre, de 20 y 16 cm, estaba pulida y pulverizada con betún de Judea (especie de asfalto) mezclado con petróleo. La exposición duró ocho horas, lo que indudablemente generó una gran cantidad de sombras motivadas por el desplazamiento del Sol. Aún así se pudo comprobar que el betún se había endurecido y blanqueado según la intensidad de luz recibida. Las zonas no endurecidas se limpiaron con disolvente de petróleo y luego se oscurecieron con vapor de yodo para aumentar el contraste con las partes blancas.

Ilusionado con los resultados, Niépce inició en 1829 una incómoda asociación con Jacques Louis Daguerre, un conocido pintor, diseñador teatral y creador del Diorama, espectáculo popular en el que producía ilusiones ópticas de gran tamaño logradas con diferentes métodos fotográficos de diseño propio. Ambos no estaban contentos con sus experimentos y consideraron ventajoso trabajar juntos, pero la muerte de Niépce, en 1833, no consiguió afianzar resultados prácticos, aunque seis años más tarde, en enero de 1839, Daguerre consiguió perfeccionar un tipo de fotografía denominada daguerrotipo, definido como el arte de fijar en chapas metálicas, convenientemente preparadas, las imágenes recogidas con la cámara obscura.

El invento fue mostrado al público pero Daguerre mantuvo en secreto hasta agosto de ese mismo año el proceso que utilizaba para sus fotografías y que consistía en una lámina de cobre recubierta de plata que trataba con vapor de yodo para fotosensibilizarla. Después de ser expuesta en la cámara, la placa se sometía a vapor de mercurio para revelar la imagen, que se fijaba luego con una solución de sal común. En ese momento había nacido verdaderamente la fotografía, aunque para proporcionar imágenes positivas había que volver a fotografiarlas.

Avances técnicos

Al enterarse del invento de Daguerre en enero, William Henry Foz un acomodado científico inglés, decidió defender sus derechos dando a conocer su propio proceso antes que Daguerre. El 31 de enero de 1839 no solamente anunció su invento sino que además describió los detalles técnicos de su proceso. Su invento, denominado como "Dibujo fotogénico", se remontaba a 1835, aunque seis años más tarde realizó importantes modificaciones y lo rebautizó como "calotipo". Se trataba del primer proceso negativo-positivo del mundo.

En esta ocasión usaba papel tratado con nitrato de plata y yoduro potásico, y tras la exposición usaba un baño de ácido gálico y calentaba el negativo para revelar por completo la imagen. A continuación usaba papel sensibilizado con sales de plata para recibir las copias positivas.

Obviamente, las diferencias entre el daguerrotipo y el calotipo eran substanciales, pues el daguerrotipo era un positivo directo, una imagen nítida formada por minúsculos glóbulos de mercurio sobre la placa metálica. Cada fotografía era única y sólo se podía reproducir fotografiándola a su vez, proporcionando un resultado sumamente frágil que requería una protección de cristal. Al principio las exposiciones debían ser al menos de 20 a 30 minutos, pero al cabo de unos años se redujeron a un minuto.

El calotipo, por el contrario, era un método negativo-positivo y las exposiciones solamente requerían entre uno a cinco minutos. Este proceso permitía un infinito número de copias sobre papel a partir de un único negativo, lo que le sirvió para anular la ganada popularidad del daguerrotipo, pues permitía el factor esencial, la reproducción. El daguerrotipo, finalmente, pasó de moda a mediados del siglo pasado.

Una vez que se consiguió reducir los tiempos de exposición a uno o dos minutos, en 1841 fue posible realizar retratos con una cámara. Lógicamente, en el retrato no había modo de que la persona pudiese permanecer sentada y quieta, y eso que se emplearon sistemas ocultos para mantener la cabeza inmóvil.

A veces, y para aumentar la comodidad, se fotografiaba al sujeto con los ojos cerrados y luego se abrían en la foto mediante la hábil aplicación de pintura con un pincel.

Nuevos avances

El siguiente avance importante fue el descubrimiento, en 1851, de que se podía sustituir el papel por una placa de cristal para recibir la imagen negativa, siendo su descubridor un escultor llamado Frederick Scott Archer.

El proceso, denominado colodión, consistía en disolver en éter la celulosa nítrica y pronto sustituyó rápidamente tanto al daguerrotipo como al calotipo, pues en él se combinaban las propiedades más importantes de los procesos anteriores: fino detalle y posibilidad de múltiples copias. Los tiempos de exposición podían reducirse ya a pocos segundos, según el tamaño de la placa y la intensidad de la luz.

El colodión era una solución viscosa con la que se recubría el cristal y a continuación la placa se sumergía en un baño de nitrato de plata para hacerla sensible a la luz. El único inconveniente era que había que introducirla en la cámara y exponerla cuando aún estaba húmeda, y a menudo manchaba de negro las manos y los vestidos.

Pero el progreso ya era imparable y pronto aparecieron nuevos procesos basados en el colodión, pero en seco, que fueron empleados desde 1853. Su gran ventaja era que el fotógrafo ya no necesitaba llevar consigo productos químicos y otros artefactos, quedando esa operación para el trabajo posterior en un laboratorio. Además, la placa seca no tenía que revelarse inmediatamente. ¿El inconveniente? Que esas placas secas necesitaban exposiciones tan largas que su uso no se generalizó hasta la llegada de las placas de gelatina, hacia 1870.

Después se comenzó a perfeccionar el sistema para realizar multitud de copias partiendo de un mismo negativo y se utilizó un sistema muy barato y rápido empleando papel recubierto con gelatina sensibilizada con bromuro de plata, mucho más sensible a la luz que otras sales. Este papel permitía hacer una copia de un negativo tras sólo unos segundos de exposición empleando una débil iluminación y no se necesitaba utilizar la luz del sol como hasta entonces.

El laboratorio

El colodión mejoró el proceso del revelado entre 1850 y 1860, aunque ello implicaba que los fotógrafos tenían que preparar sus emulsiones inmediatamente antes de sacar una foto; si no, el colodión se secaba en 20 minutos y perdía su sensibilidad. La cámara obscura era por tanto parte íntegra de la fotografía, y para el trabajo al aire libre se empleaba a menudo una tienda oscura portátil.

Fotógrafos como Roger Fenton (1819-1869), hacían su labor como reportero de guerra para la The Photographic Society London llevando de un sitio a otro su pequeño laboratorio portátil consistente en un carro hermético a la luz. En cada fotografía tenía que limpiar un plato de vidrio grande, cubrirlo con colodión, empaparlo en una solución de nitrato de plata para hacerlo sensible a luz, y ponerlo en un receptáculo. Después de hacer la exposición, el plato tenía que ser procesado lo más pronto posible en ese carro oscurecido.

El desarrollo de la ampliadora significó que el negativo original ya no tenía que ser del mismo tamaño que la impresión final. Esto permitió una opción para elegir el tamaño de la película y el tamaño de la reproducción, lo que permitió miniaturizar las cámaras. La ampliadora se instaló en la cámara oscura y las emulsiones de bromuro de plata eran lo bastante sensibles como para proporcionar una imagen profesional, aunque cualquier pequeña filtración de luz estropeaba todo.
.

Las primeras ampliadoras usaron luz del día como fuente esencial, pero después fue reemplazada por el alumbrado de gas que permitía más libertad y posteriormente por las bombillas eléctricas, lo que permitió usar la ampliadora verticalmente, lo que a su vez facilitó situar el papel horizontalmente e incluso en el suelo.

Nace la película flexible

George Eastman, fabricante de placas secas en Rochester (Nueva York), desarrolló en 1888 la cámara Kodak, apta para usar un rollo de película flexible en el cual se podían incluir varias fotografías. Al mismo tiempo, puso todo su empeño en popularizar y simplificar el arte de la fotografía empleando un eslogan que decía: "Usted aprieta el botón, nosotros hacemos el resto". La película consistía en un rollo de papel recubierto de una emulsión fotosensible y cada rollo permitía obtener 100 fotografías con una exposición de una fracción de segundo cada una.
Para hacer las copias había que despegar la emulsión del papel por lo que pronto se empleó el celuloide, al que se aplicaba una emulsión sensible a la luz. Un año más tarde el primer rollo de película de celuloide llegó al mercado y al eliminar el proceso de despegar la emulsión, el revelado de esta película resultaba más barato y supuso un poderoso estímulo para el uso popular de la fotografía.

Llega la fotografía en color

En Francia e Inglaterra se efectuaron entre 1860 y 1870 diversas pruebas de fotografías en color natural, pero los procedimientos utilizados eran todavía muy imperfectos, no alcanzando una mayor perfección hasta 1903 cuando los hermanos Lumiere, los pioneros de la cinematografía, perfeccionaron un procedimiento que aportaba los tres colores primarios. Sus placas puestas a la venta en 1907 eran de cristal recubierto por capas de gránulos rojos, verdes y azules que actuaban como minúsculos filtros, dejando pasar ciertos rayos del espectro cromático e impidiendo el paso de otros.

A partir de este extraordinario avance el despegue de la fotografía en color fue rápido, especialmente con la aparición de la Kodachrome, que llegó al público en 1935, y las copias de color sobre papel, que introdujo Agfa en 1942.

George Eastman

George Eastman nació de María Kilbourn y George Washington Eastman, el 12 de julio de 1854 en el pueblo de Waterville, unas 20 millas al sudoeste de Utica, al norte del estado de Nueva York. El hogar de los Eastman, en donde ya había nacido su padre y los tres hijos, fue el lugar en el cual vivió sus primeros años el joven George, trasladándose posteriormente a Rochester cuando su padre vendió la guardería.

Allí el hijo mayor de los Eastman consagró toda su energía a establecer la Universidad Eastman, aunque la muerte del padre provocó un desastre financiero a la familia y la universidad se resintió. A pesar de ello, George continuó en la escuela hasta que tuvo 14 años, momento en el cual se vio forzado a buscar empleo para ayudar económicamente a la familia.

Su primer trabajo fue como mensajero en una empresa de seguros, por el cual recibía una paga de 3$ semanales. Un año después se cambió a otra compañía similar, pero ahora ya como administrativo, ganando ya 5$ semanales. Pero, incluso con ese aumento, sus ingresos no eran suficientes para cubrir los gastos familiares, por lo que aprendió contabilidad y se trajo trabajo extra a su casa. Después de cinco años en el negocio de los seguros, fue contratado como auxiliar administrativo por la caja de ahorros de Rochester en 1874, ganado un sueldo de más de 15% a la semana.

Cuando Eastman cumplió los 24 años, se fue de vacaciones a Santo Domingo. Antes de emprender el viaje un compañero de trabajo le sugirió que aprovechase sus vacaciones para realizar algunas fotografías del lugar, por lo que Eastman compró un equipo fotográfico con todo lo necesario para procesar las fotos.
La cámara era tan grande como un horno de microondas y necesitaba un trípode pesado, además de incorporar el pequeño equipo que incluía las placas, los productos químicos, los tanques de vidrio un plato y un jarro para el agua. Lo cierto es que una vez que había comprado el equipo renunció a su viaje a Santo Domingo y se dedicó a aprender la nueva técnica, trabajando en el banco durante el día y experimentando por la noche en casa en la cocina de su madre.

En abril de 1880, Eastman arrendó el tercer piso de un edificio en State Street, en Rochester, y empezó a fabricar placas secas para la venta. Sus experimentos iban dirigidos a cubrir la emulsión fotográfica en papel y entonces cargar el papel en un portarrollos. Este sistema tuvo inmediatamente éxito, aunque posteriormente se demostró que el papel no era completamente satisfactorio para soportar la emulsión porque el grano del soporte era reproducido en la fotografía. La solución consistió en cubrir el papel con una capa de gelatina soluble, y otra insoluble sensible a la luz.

La primera cámara popular de Kodak salió al mercado en 1888 y tuvo un gran éxito comercial. Su otro éxito fue social y laboral, pues fue uno de los pioneros en repartir beneficios entre sus empleados, haciéndoles accionistas de su propia empresa.

Después realizó numerosas obras filantrópicas entre ellas la donación de 20 millones de dólares al Instituto Massachusetts de Tecnología, 2 millones y medio a una clínica dental de Rochester, además de ser propietario de la Eastman School Music, un teatro, y una orquesta sinfónica. También promovió un programa para desarrollar una escuela médica y un hospital en la Universidad de Rochester, además de apoyar la educación de los ciudadanos negros en los institutos Hampton y Tuskegee.

Eastman solía repetir una frase suya que decía: "lo que hacemos durante nuestras horas de trabajo determina lo que nosotros tenemos; lo que hacemos en nuestras horas de ocio determina lo que somos."

Eastman murió el 14 de marzo de 1932 a los 77 años de edad. Invadido por una invalidez progresiva por el endurecimiento de las células de la médula espinal, vio frustrado su deseo de seguir manteniendo una vida activa, y según cuentan decidió poner voluntariamente fin a su vida.

SEGUNDA PARTE

Lo que realmente distingue a una cámara de otra es su habilidad para controlar la imagen. Alterando las posiciones del objetivo, la forma de la cortinilla y la situación de la película, pueden obtenerse numerosas variantes entre ellas un enfoque más preciso, una mejor visibilidad y una formación más real de la imagen. Este último aspecto es lo que persigue en esencia cualquier cámara y película, pues en la medida en que logre plasmar con más fidelidad la realidad, podrá presumir de calidad.

En la práctica, esto significa que, por ejemplo, llegará un momento en que una flor de apenas unos centímetros y un horizonte distante, pueden reunirse en el enfoque sin usar un objetivo gran angular y sin tener que emplear un diafragma muy pequeño. Además, seguramente llegará un momento en el cual ya no será necesario incluir un espejo que invierta la imagen, lo que eliminará el mayor inconveniente de las cámaras réflex.

CUESTIONES BÁSICAS

Seguramente la mayoría de las explicaciones que mostramos ahora ya las conoce, pero frecuentemente nos encontramos con fotógrafos muy expertos que confunden términos y características siempre relativos al aspecto puramente técnico, por lo que un repaso a la terminología supondrá una ayuda para todos.

La cámara fotográfica

Una cámara fotográfica, es una caja totalmente hermética a la luz. En uno de los extremos está la película, y en el otro, una ventana cerrada por una cortinilla, a la que llamamos obturador. Este, al abrirse, se encarga de exponer la película a la luz, en un tiempo predeterminado. Para definir la imagen se interpone entre el objeto y la película un cristal pulido, denominado objetivo, que enfoca los rayos de luz.

La película

El formato de película standard es el de 35mm y supone la mejor opción pues dispone de una gran variedad de calidades y proporciona buenos resultados.

Estos son los formatos disponibles:

Película Minox
Pocket: Película 110
Universal: Película 135 (standard)
Formato Medio: Película 120 - 127 - 220
Gran Formato: Placas de 9 x 12 o más.

Siglas:

DIN = Deutches Industrial Norm. (Normas Industriales Alemanas).

ASA = American Standards Association. (Asociación Americana de estándares).
ISO = Industrial Standards Organization. (Organización industrial de estándares).

El Visor

Es el sistema que se encarga de mostrarnos el encuadre y, en las cámaras de calidad, una serie de datos adicionales necesarios. Hay varios tipos de visores, clasificados en tres grupos principales:

Visor Directo
Visor Telemétrico
Visor Réflex

Visor Directo:
Es el más sencillo de todos pues su información se limita al encuadre de la escena a fotografiar. El visor y el objetivo forman dos ejes ópticos diferentes y aunque lo que vemos es lo mismo, no es desde el mismo plano. Si queremos fotografiar a un objeto que se encuentra a una distancia menor de un metro, sufriremos un desfase de lo que saldrá realmente expuesto en la película, aunque con un poco de experiencia aprenderemos a tenerlo en cuenta. De todas maneras, lo mejor es no emplear este tipo de cámaras para fotografías cercanas. Por el contrario, en distancias mayores, el ángulo de incidencia apenas es percibido en el resultado final.
Este visor suele usarse en cámaras Auto-Focus económicas (tipo pocket).

Visor Telemétrico:
Tiene el mismo problema de paralaje que el visor directo, aunque por lo menos permite calcular la distancia del sujeto para poder enfocar. El telémetro se reconoce porque al observar por el visor nos encontramos con una imagen partida en medio. Si movemos el aro de enfoque del objetivo, esta imagen se irá juntando hasta que se unifique totalmente, indicándonos que el objetivo quedó enfocado y nos mostrará también la distancia.
Aunque parece ya un anacronismo, este telémetro sigue siendo el visor preferido por muchísimos fotógrafos, ya que tiene la ventaja de ser mucho mas silencioso que el réflex, además de no oscurecer el visor cuando se dispara y nunca perdemos de vista el objeto.

Telémetro de zapata:
Se trata de un accesorio poco práctico, ya que tenemos que realizar dos operaciones para enfocar. Primero enfocamos el telémetro, y luego transportamos la lectura al objetivo. Solamente se encuentra disponible en modelos antiguos.

Visor Réflex:
Hay dos modelos de visores Réflex:

Réflex de dos lentes (TLR Two Lens Reflex).
El sistema TLR tiene el mismo problema de paralaje que los visores anteriores, ya que también el visor y el objetivo tienen dos zonas ópticas

diferentes. Tiene la ventaja sobre otros visores, que se enfoca directamente en el visor.

Réflex de objetivo único (SLR Single Lens Reflex).
El sistema SLR es el más difundido. El eje óptico del objetivo y del visor, es exactamente el mismo pues entre el objetivo y el obturador hay un espejo que se encarga de reflejar los rayos de luz hacia el visor. Con esto se consigue visualizar el encuadre junto con el enfoque, eliminando totalmente los defectos de paralaje de otros visores y lo que observamos en el visor es lo que saldrá en el fotograma. Ahora nos parece sencillo, pero es el sistema más complejo de todos.

Este es el complicado mecanismo que nos permite efectuar cómodamente nuestras fotografías:

1. Cuando disparamos una cámara réflex, el mecanismo hace que el espejo se pliegue, permitiendo que la luz llegue al obturador.
2. Luego, se cierra el diafragma del objetivo con la abertura preestablecida.
3. Se abre el obturador durante el tiempo seleccionado, y luego se cierra.
4. El diafragma y el espejo vuelven a su posición original.

Todo esto, y he aquí la maravilla de este sistema, sucede en una fracción de segundo.

La desventaja que tiene este sistema, pues algún defecto debería tener, es la vibración y el ruido que provoca el espejo al plegarse, aunque en las cámaras más modernas está muy minimizado.

El Obturador:
Hay dos clases de obturador, cada uno con ventajas y desventajas.

Central
Las cámaras que utilizan obturador central lo tienen ubicado dentro del objetivo, mientras que el de cortinilla se encuentra dentro del cuerpo de la cámara. El obturador central fue el más usado en los primeros tiempos de la fotografía y tiene la ventaja de que puede ser sincronizado con el flash a cualquier velocidad. Se sigue utilizando en los formatos mayores y en las cámaras de óptica fija, porque al necesitar estar ubicado dentro de los objetivos, incrementa el precio de los mismos. La velocidad de obturación suele ser de 1 a 1/500 de segundo.

De cortinilla
El obturador de cortinilla se puso de moda junto con las cámaras de objetivos intercambiables. Puede ser de desplazamiento horizontal o vertical y su mayor ventaja reside en la velocidad máxima de obturación que consigue, entre 1/1000 a 1/8000 de segundo. Está ubicado justo delante de la película, dentro del cuerpo, y su principal desventaja es el tiempo de sincronización con el flash, ya que

habitualmente no permite utilizar velocidades superiores a 1/200 de segundo.

El exposímetro:

Es un medidor de luz que poseen la mayoría de las cámaras y que se encuentra integrado en el cuerpo. Su misión es darnos la exposición del objeto y se puede ajustar según sean nuestras necesidades.

Velocidades de obturación:

Este elemento de control, por lo general, se encuentra sobre el cuerpo de la cámara, exceptuando las cámaras de obturador Central. La velocidad de obturación determina qué lapso de tiempo estará expuesta la película a la luz. Este control, que suele estar grabado en la mayoría de las cámaras, es el siguiente:
1 - 2 - 4 - 8 - 15 - 30 - 60 - 125 - 250 - 500 - 1000.
Estas cifras corresponden a fracciones de segundo y cada paso siguiente se refiere a la mitad de tiempo que el anterior, comenzando la primera cifra con 1 segundo. Si utiliza la velocidad 1, el obturador se abre durante un segundo y si es la velocidad 2 se abre medio segundo (1/2), y así sucesivamente.
Las velocidades altas (1/500 o 1/1000), se utilizan para congelar el movimiento, mientras que las bajas (menos de 1/60), se utilizan cuando queremos conseguir una mayor profundidad de campo, o

cuando las condiciones luminosas sean muy pobres.

El diafragma:

La cantidad de luz se duplica por cada valor entero, mientras que el límite óptico teórico de luminosidad es de f/0.5. En los objetivos comercializados existe una oferta de un f/0.95, que por cierto ha sido un fracaso por su mala calidad, existiendo otros diseñados para la luz monocromática en los cuales se ha logrado un interesante f/0.7 sin aberraciones, ya que son fabricados para trabajar con un único color del espectro.

Para el aficionado es interesante recordarle que hay dos tipos de transmisión del diafragmado, automático y fijo. El automático es el más común y simple para el usuario, pues mientras enfocamos el diafragma permanece en su máxima abertura, permitiéndonos de esta manera enfocar sin problemas. Al presionar el botón disparador, hay un mecanismo que hace cerrar el diafragma a la abertura pre-establecida.

El pre-set o fijo es un sistema de transmisión manual en donde, después de enfocar, hay que mover el diafragma hasta ajustarlo a la medida escogida y disparar entonces. Hay que tener cuidado con este sistema, ya que si no lo ajustamos manualmente es muy posible que todas nuestras fotografías salgan mal, con exceso de luz.

Aberturas del Diafragma:

El control del diafragma está situado en el objetivo y se encarga de controlar la cantidad de luz que llega a la película y la profundidad de campo del enfoque. Para reconocer el Diafragma, debemos buscar la rueda que contenga las siguientes cifras (más o menos):
f: 1.4 - 2 - 2.8 - 4 - 5.6 - 8 - 11 - 16 - 22.
Estas cifras se refieren a diafragmas enteros. En algunos objetivos puede iniciarse la escala en - 1.8 - (que en realidad es un tercio), pero el próximo debe ser - 2 -. Para simplificar diremos que a menor número f mayor luminosidad, y viceversa. Otro ejemplo es que un diafragma de f/4 es el doble de luminoso que un f/5.6, pero la mitad que un f/2.8.

Sobre aberturas del diafragma:

Aparte de las lentes construidas para las cámaras sin cortinilla en el plano focal, los dos mandos de control más importantes son el enfoque y la abertura. Usualmente, los diversos elementos del objetivo se ajustan en un cilindro interno que puede moverse dentro de otro exterior mediante un tornillo helicoidal. Cuando está enfocado al infinito la lente está entonces más cerca de la película, y esta distancia es lo que se denomina longitud focal, normalmente medida en milímetros. Un sistema más eficaz es cuando dentro del cilindro solamente se mueven algunos elementos, no todo el conjunto del objetivo.

La abertura del diafragma se modifica por fuera mediante un anillo de control que permite ajustarse para proporcionar un agujero redondo más pequeño que el diámetro de la lente. Naturalmente, este mando, que permite graduar incluso por mitades, controla la cantidad de luz que alcanza la película junto con la velocidad de la cortinilla.
Cuanta más larga es la longitud focal, menos luz pasa por el mismo diámetro del objetivo en dirección a la película. Como resultado, el número f es una medida de exposición, independiente de la longitud focal, y los objetivos son designados a menudo por sus aberturas máximas de diafragma o f, considerándose en términos coloquiales que una lente de 1.4, por ejemplo, es rápida.

Además de controlar la exposición, la abertura afecta también a la profundidad de campo, aunque esta definición es ciertamente muy confusa. Con una abertura pequeña las líneas convergen en la película, y este efecto significa que todo lo que está alrededor del objeto enfocado parezca más definido. Un abertura grande disminuye, pues, la profundidad de campo.
Finalmente, la abertura afecta la calidad de la imagen y como la mayoría de las aberraciones se plasman en los bordes de la lente, hay una solución obvia: ponga una abertura más pequeña, y así conseguirá emplear la zona central de la lente, la más idónea. Sin embargo, esto solamente mejora la definición en un punto, y se genera un nuevo problema de refracción con las aberturas más

pequeñas. Cualquier línea o haz de luz muy delgado tienden a esparcirse cuando pasan a través de las hojas del diafragma, llegándose al resultado de que la mayoría de las lentes realizan mejor su función cuando la abertura está cerrada dos o tres diafragmas por encima del máximo.

Sensibilidad de la película:

Sirve para indicarle al exposímetro la sensibilidad (ASA, DIN o ISO) de la película.
Baja: 25 a 50
Media: 100 a 200
Alta: 400 a 1600 o más.
La sensibilidad se duplica a cada paso, igual que las velocidades de obturación y los diafragmas.

La ley de reciprocidad:

Las películas fotográficas trabajan sobre la base de una ecuación que se llama Ley de reciprocidad.
Esta ley indica que para conseguir una exposición correcta de la película, debemos entregarle una intensidad luminosa determinada durante un tiempo X. Para lograr esto, en la cámara se encuentra el diafragma (que regula la intensidad) y el obturador (que se encarga de regular el tiempo).
Esta ley funciona bien durante tiempos normales de exposición (entre 1 y 1/1000 de segundo), pero si superamos ese rango debemos compensar la exposición, dándole algo más de tiempo de exposición del que indica el exposímetro.

Latitud de exposición:

La latitud de exposición, es la cantidad de pasos de diafragma que soporta la película en sub o sobrexposición. Supongamos que el exposímetro nos indica que la exposición correcta es 1/250 de segundo y f/8 con 100 ASA.

Si nosotros necesitamos que en una exposición aporte mayor detalle en las sombras y no nos perjudica difuminar las luces más intensas, abrimos el diafragma 1 o 2 puntos, sin modificar la velocidad de la cámara (o bajamos la velocidad manteniendo el diafragma).

Si necesitamos más detalle en las luces altas, cerramos un par de pasos el diafragma y mantenemos la velocidad. Por lo general se utiliza más a menudo el primer método, ya que es preferible sobreexponer la película que quedarse corto de exposición. Las películas negativas modernas soportan generalmente entre 5 y 6 pasos de diafragma erróneos, mientras que en las diapositivas suele ser de 3, no recomendándose nunca subexponer una diapositiva.

Los diferentes formatos de películas:

Existen cinco formatos básicos, con sus respectivas variantes:

Gran formato: 9 x 12 – 13 x 18 – 18 x 24 o más.
Formato medio: Película 120 y 70 mm: 6 x 4,5 – 6 x 6 – 6 x 7 y 6 x 9; 127: 4 x 4

Paso universal: Película 135: 24 x 36 (el más común) y 18 x 24 (medio)
Formato Pocket: Película 110: 13 x 17
Miniformato: Película Minox: 8 x 11

ELEGIR LA CÁMARA ADECUADA

A George Eastman, el fundador de Kodak, le debemos las primeras cámaras aptas para todos los públicos, tanto por su sencillo manejo como por el bajo precio. Más parecidas en sus comienzos a una caja de bizcochos o nueces, no difieren en lo esencial de las sofisticadas cámaras réflex actuales, pues todas constan de una cámara oscura, un objetivo y un disparador. No obstante, lo más esencial sigue siendo el fotógrafo que maneja estas cámaras y mi primer consejo es pedirle al aficionado que no se deje deslumbrar por la tecnología, pues si no domina la expresión artística nunca podrá realizar buenas fotografías.

La primera pregunta que se hacen la mayoría de los fotógrafos profesionales es, ¿cuál es la mejor cámara que puedo comprar?, pregunta que no tiene una respuesta simple. Aunque muchas personas consideran que el Rolls Royce es el mejor automóvil del mundo, no gusta a todos ni es apto para todo uso. Por ejemplo: estaría en clara desventaja con un Fórmula Uno o un todoterreno.

De la misma manera, hay algunas cámaras que son consideradas como las mejores del mundo pero no sirven para llevarlas al hombro en busca de escenarios insólitos. Solamente existe un tipo de cámara que sirve para casi todo: la popular 35 mm SLR o réflex.

Los aspectos más importantes para considerar qué modelo de cámara es mejor para cada aplicación dependen esencialmente de su costo y del tipo de accesorios disponibles como opcionales. La variedad de cámaras disponibles es muy grande, y dentro de cada modelo o tipo hay diversas variedades. Lo importante es que cada fotógrafo examine los diferentes modelos y decida lo más conveniente para sus necesidades. No obstante, y esto lo recordaremos con frecuencia, más importante que la cámara, los accesorios que se compren, o el dinero invertido en el equipo, son las habilidades creativas del fotógrafo.

Incluso una cámara barata de objetivo fijo en manos de un atento y entusiasta fotógrafo que ponga especial cuidado en la composición, teniendo en cuenta el primer plano y el fondo, logrará unos buenos resultados técnicos y artísticos. La conclusión es que lograrse maravillosas fotografías incluso con un presupuesto modesto y pocos conocimientos técnicos. Personalmente debo decir que algunas de las mejores fotografías de mi vida las realicé en los tres primeros meses de aficionado y con una cámara de objetivo fijo y telémetro.

Los fotógrafos suelen presumir frecuentemente más de su equipo que de su calidad artística y gustan de menospreciar a quienes no disponen de un material tan costoso como el suyo. Pero hay que recordar siempre que al igual que un ordenador, una cámara no funciona por sí misma y hay que ejecutarla adecuadamente para conseguir algo digno.

Usted lo que no debe hacer es pasarse la vida enfrentado a sí mismo, luchando por estar al día en la tecnología o buscar la inspiración de una instantánea. Disponer de una gran cantidad de accesorios es siempre tentador y, además, nos sirve para presumir delante de los amigos. Es más, la mayoría de las tertulias sobre fotografía se centran en el equipo de cada interlocutor, alcanzando mayor categoría quien dispone de lo mejor o de lo más prestigiado. Hay marcas, por ejemplo, que con solo mencionarlas ya dotan a su afortunado poseedor de una aureola de categoría, dando por supuesto que quien posee este equipo posee al mismo tiempo la sabiduría de un buen fotógrafo. Y si vamos a seguir siendo sinceros, la mayoría de los aficionados que gustan presumir de su equipo, compran solamente aquello que manejan habitualmente los profesionales de prestigio. Es algo comparable a las prendas de marca para los jóvenes. Lo importante no es el diseño, ni que les encaje perfectamente; la marca es lo que vale, el signo de distinción.

Pero si cree que una nueva máquina mejorará automáticamente la calidad de sus fotografías, es que usted es muy optimista en la vida. Igualmente, no crea que ignorando la técnica fotográfica y tratando de demostrar que lo importante es la habilidad de uno mismo, conseguirá esos resultados que impresionan a los expertos. A sus amigos es posible que sí, pero no deslumbrará a nadie más. La intuición está bien, pero no basta.

Un equipo bastante completo y no necesariamente muy caro, podría incluir una cámara réflex con autoexposición y autofocus, flash incorporado, dotada de motor que realice incluso el rebobinado automático al finalizar, y tres objetivos básicos, aunque un zoom mediano también puede servir. Los modelos más baratos llevarán una lente fija (aunque los hay que incorporan un modesto y versátil zoom) y un sistema de enfoque adecuado para luz día.

Según este razonamiento, lo mejor es empezar con una réflex de 35 mm (llamada así por el tamaño de la película), pues es el modelo ideal para empezar a realizar buenas fotografías y no necesitar cambiar de equipo a los pocos meses. Por ello, si quiere dedicarse por entero a la fotografía no escoja una cámara de esas que lo hacen todo. Usted debe acostumbrarse a pensar y decidir el cómo y el qué.

EL SISTEMA RÉFLEX (SLR)

Nos encontramos ante la cámara más versátil y adaptable, además de fácilmente portable. Desde su introducción hace aproximadamente 50 años, las SLR han demostrado la superioridad sobre cualquier otro formato o técnica y consiguen permanecer sólidamente ancladas a pesar de la presión de otros sistemas.

La gran ventaja es que cuando usted mira a través del visor de una cámara SLR lo que ve es lo mismo que la lente está viendo e igual a lo que quedará impreso en la película. Esto es posible porque hay un espejo detrás de la lente que refleja la imagen en un dispositivo llamado pentaprisma, el cual se encarga de invertir la imagen y situarla delante del visor.

Este es el mecanismo de funcionamiento de una cámara réflex:

1. En condiciones normales, cuando el botón de disparo es accionado, la contraventana se pliega durante una fracción de segundo para que se efectúen las diversas funciones.
2. Antes, el espejo se sitúa a 45 grados para que la luz pueda atravesar la lente hacia la película.
3. En ese momento la abertura ha sido seleccionada ya, manual o automáticamente, y la contraventana o cortinilla del plano focal se abre durante la cantidad de tiempo escogida.
4. La imagen queda impresa ya en la película.

5. Cuando la cortinilla se cierra, entonces el objetivo se abre totalmente y el espejo regresa a su posición para que se pueda ver de nuevo la escena.

LA CÁMARA CON TELÉMETRO

Éste es otro modelo de cámara que ha tenido una gran popularidad entre los fotógrafos profesionales, aunque en la actualidad apenas si es considerado ya como opción. La marca más famosa que divulgó el sistema por telémetro es Leica, y durante muchos años fue considerada como la más perfecta de las cámaras para profesionales.

En contraste con la cámara réflex, el telémetro permite que el objeto pueda ser visto a través de un visor de imagen separado, situado casi siempre encima del objetivo, aunque en las cámaras más económicas se encuentra lateralmente. En el centro del visor aparecen entonces dos imágenes superpuestas y para enfocar correctamente deben alinearse hasta fundirlas en una sola.

Este método de funcionamiento, aunque ahora nos parezca algo anacrónico, tiene sus ventajas puesto que posee dos ventajas incuestionables: al no existir movimiento de espejos en el interior de la cámara la vibración es casi nula y el ruido al accionar el disparador es casi imperceptible, lo que resulta imprescindible en numerosas ocasiones. Una cámara sofisticada con motor de rebobinado, sistema réflex y de gran peso y volumen, es algo que no pasa desapercibido. Por eso, si su deseo es el anonimato a la hora de sacar fotos o se dedica a la fotografía de animales, le será imprescindible una cámara con telémetro.

LA CÁMARA SLR DE FORMATO MEDIO

Estas cámaras suponen el intermedio entre las de 35 mm y las de formato grande, tanto por su tamaño como por su utilidad. Pueden emplear negativos en una gran variedad de formatos que incluyen 6 x 4.5, 6 x 6 y 6 x 7. También existe en el mercado una gran variedad en lentes y accesorios y son apreciadas por los fotógrafos profesionales. Como defecto, son mucho más voluminosas que las cámaras de 35 mm y normalmente necesitan el uso de un trípode, aunque hay quien logra buenas fotos sosteniéndolas simplemente con las manos. Para una mayor nitidez se recomienda emplear solamente película de poco grano, como 12 ó 22 ISO.

LA CÁMARA DE 5 x 4

Éste es un formato grande, habitualmente montado sobre trípode que emplea diapositivas o negativos de 5 x 4 (12.5 x 10 cm). No posee un visor convencional pues la imagen se forma en una pantalla de vidrio detrás e invertida. Para poder ver la imagen del objeto y evitar que entre la luz, el fotógrafo cubre la cámara y su cabeza con una tela oscura.

A pesar de la apariencia antigua de este tipo de cámara, aún siguen apareciendo nuevos modelos, sumamente sofisticados y en ocasiones muy caros.
El rango de aplicaciones de estas cámaras de 5 x 4 es muy variado, empleándose indistintamente en estudios o en el exterior. Produce fotografías de una claridad y detalle excelentes, aunque nunca la podríamos recomendar para los aficionados.

Elección del formato adecuado:

Supongamos que necesitamos lograr una ampliación de 24 x 30 cm. Partiendo de un negativo de 35 mm debemos ampliarlo 10 veces, mientras que un negativo de 120 solo debemos ampliarlo 4,5 veces, obteniendo una mejor definición, menor tamaño de grano y por ende, una mejor calidad final. Si necesitamos utilizar película de alta sensibilidad y realizar una gran ampliación, obtendremos un mejor resultado trabajando en formato medio que con el habitual de 35 mm. Pero si es muy importante el peso y tamaño del equipo, la mejor opción es trabajar con 35 mm.

LA CÁMARA INSTANTÁNEA POLAROID

Los tipos diferentes de películas instantáneas, todas fabricadas por Polaroid o mediante licencia suya, tienen calidades de imagen especiales. Al tratarse de una imagen grabada directamente del negativo la resolución suele ser muy alta, aunque para ello se necesita contar también con una cámara de buena calidad. Como defecto está una ligera pérdida de calidad en los bordes que delimitan los colores, al menos muy superior a cuando empleamos las películas normales.

Los materiales de Polaroid dan un contrate más alto que los convencionales, y por eso existe una gran dificultad para lograr realizar ampliaciones partiendo de su negativo original. Aunque este margen en el contraste es una desventaja, en muchas situaciones puede usarse para proporcionar interés a una escena con pocas tonalidades de luz y sombra.

La ventaja más importante de estas películas es su revelado inmediato, con lo cual podemos evaluar los resultados y rectificar antes de que abandonemos el lugar.

Una vez que el litigio entre Polaroid y Kodak acabó, las únicas cámaras de revelado instantáneo disponibles son de la marca Polaroid y suponen otra dimensión en el arte de la fotografía. Una vez que se ha realizado la foto, la película se impregna automáticamente con las sustancias químicas requeridas para procesar la imagen y la fotografía empieza a aparecer sólo unos segundos después que ha sido disparada.

Las aplicaciones de estas cámaras son muy amplias, radicando su interés en la rapidez con la cual obtenemos los resultados. Consiguiendo una imagen inmediata del objeto podemos efectuar las oportunas correcciones y lograr en pocos minutos una fotografía tal y como deseamos.

Por eso este tipo de cámara es manejada indistintamente por profesionales y aficionados.

Muchos fotógrafos profesionales llevan siempre consigo una pequeña cámara Polaroid junto a sus otras convencionales y una vez que han compuesto la imagen y efectuadas las mediciones, sacan una foto de prueba con la Polaroid para asegurarse que todo es perfecto, antes de disparar con la otra cámara.

Aunque las fotografías habitualmente se realizan en color también existe la opción en blanco y negro. El secreto estriba en activar mediante presión los productos químicos que efectúa el revelado.

Como inconveniente está la dificultad en realizar copias de los originales, pues no todos los laboratorios cuentan con la maquinaria adecuada.

La variedad de cámaras Polaroid no es muy amplia, pero podemos elegir entre las de "mire y dispare" hasta algunos modelos que permiten incorporar lentes intercambiables y poseen autofoco, autoexposición y flash. Algunos modelos incorporan en el mismo chasis de la película la batería que impulsa la cámara, por lo que cada vez que se cambia la película se reemplaza también la batería.

TERCERA PARTE

LA CÁMARA DIGITAL

La tecnología empleada en las cámaras digitales es esencialmente sencilla, pues consiste en convertir las señales luminosas a un código binario, el cual como sabemos está basado solamente en unos y ceros; una vez almacenados estos datos se convierten a su estado original. Esta tecnología no ha conseguido, aún, desbancar de su lugar de privilegio a las cámaras normales, pero el avance ya es imparable y todas las compañías incorporan modelos digitales en sus catálogos.

No obstante, todavía cuentan con ciertos inconvenientes como el hecho de que sea necesario disponer de un ordenador si queremos retocar una fotografía y que la resolución es inferior a la que proporcionan las películas convencionales.

Visto desde fuera ambos sistemas comparten soluciones técnicas similares, pues las cámaras digitales también poseen un visor, una lente, un disparador, un sistema de enfoque y un flash incorporado. Dentro de estos accesorios existen toda una amplia gama de variantes, la mayoría basados en las cámaras tradicionales. Entonces ¿dónde radica la diferencia? Básicamente, en el modo de almacenar las fotografías.

Conceptos básicos:

- **Archivo:**
  Lugar para almacenar la información. En las cámaras digitales se suelen guardar comprimidos, aún a costa de perder calidad. Habitualmente se guardan en formatos JPEG y GIF, aunque si no están comprimidos los podrá encontrar como TIFF.

- **CCD:**
  Este Dispositivo de Acoplamiento de Carga o fotochip, es la parte que reemplaza la película en las cámaras digitales. Está compuesto de miles de elementos dentro de unas celdas microscópicas que convierten la luz en impulsos eléctricos y posteriormente en imagen.

- **Pixel:**
  Cada uno de los puntos que componen una imagen digital.

- **Resolución:**
  El número de puntos horizontales y verticales, o el número total de puntos que forman una imagen. Si la imagen tiene poca resolución el tamaño de la imagen será pequeño y si la ampliamos aparecerán visiblemente los puntos y se perderá el detalle.

En la impresión se emplean las siglas "ppp" (puntos por pulgada), e indica el número de puntos contenidos en una pulgada.

El proceso de conversión de una señal luminosa en una fotografía digital es muy sencillo:

1. Una vez apretado el botón del disparador, un panel de celdillas sensibles a la luz, denominado CCD (Charge-Coupled Device), recoge la luz y separa los tres colores básicos, azul, rojo y verde.
2. Los conmuta a valores digitales que almacena en la memoria de la cámara o en una tarjeta extraíble, casi siempre en modo comprimido como puede ser el JPEG que ocupa menos espacio.

Datos técnicos:

El tamaño del panel CCD de una cámara digital es el que determina la calidad de las fotografías, pues depende del número de píxels la resolución final; cuanto mayor número mayor resolución. Si nuestras posibilidades económicas lo permiten, llegar a una cámara que emplee un CCD de 2 o más megapíxels (1.048.576 bits cada mega), lo que generaría una resolución de 1.600 x 1.200 puntos, es aún mejor.

La calidad de la imagen depende de la resolución y la profundidad de los colores. La resolución indica el número de puntos que caben en una pulgada

(2,54 cm) y cuanto mayor sea la resolución más nítida será la imagen. Se miden en puntos horizontales y verticales, así como por la cantidad de colores distintos que puede tener cada uno de los puntos. Una resolución de 800 x 600 en 16 bits quiere decir que tiene 800 puntos de ancho, 600 puntos en vertical y cada punto 16 bits.

Ahora, una cámara de medio formato posee una resolución de 37 megapixeles.

Los sensores por encima los 16 megapixeles en cámaras compactas, o de 36 megapixeles en algunas réflex, han hecho que haya sido necesario un aumento importante de la capacidad.

También hay que tener en cuenta que en la medida en que queramos aumentar la definición o el tamaño final de la fotografía, necesitaremos más memoria y las cámaras más normales poseen todavía una capacidad de almacenamiento reducida. La solución de los fabricantes es comprimir estos datos con la menor pérdida de la calidad posible, algo que no siempre se logra. Por eso lo ideal es almacenar las fotos sin comprimir.

SD/MMC: es una tarjeta de memoria flash de tamaño pequeño que está siendo suplantado por las tarjetas de 4 GB.

Dentro de las tarjetas SD encontramos las tarjetas SDHC, que son todas aquellas con una capacidad de entre 2 Gb y 32Gb (en la actualidad); y las SDXC, que son aquellas que tienen capacidad de entre 64 Gb hasta 2 Tb.

Las tarjetas CF son tarjetas realizadas para uso con cámaras de gama profesional.

Las tarjetas XQD, son tarjetas que están sustituyendo a las CF dentro del segmento profesional.

Junto a estos inconvenientes para almacenar una gran cantidad de información, y por ello poder sacar multitud de fotografías seguidas, está el de las pilas de esas cámaras cuya duración es muy pequeña a causa del gran consumo. La pantalla de LCD que incluyen algunas cámaras digitales es de color y permite revisar las fotografías antes de imprimirlas o procesarlas, pero esto consume mucha energía y es frecuente que tengamos que reponer las pilas en cada sesión fotográfica. Para evitar este inconveniente recomendamos emplear cámaras con visor convencional

Otra posibilidad para poder disponer de centenares de fotografías digitales almacenadas correctamente y disponibles para ser manipuladas, en el sistema Photo CD. Este formato almacena una gran cantidad de información que posteriormente podemos visualizar en nuestro ordenador para ser retocadas o pasadas por impresora. El Photo CD permite almacenar unas 100 fotografías en formato PCD a la resolución que deseemos, pues dependiendo si queremos sacarla en papel o simplemente visualizarla en el ordenador, elegiremos la resolución más idónea.

Otra gran ventaja de este procedimiento, al que debemos acudir a través de un laboratorio especializado, es que ese Photo CD lo podemos borrar parcial o totalmente, añadiendo o quitando fotografías según nuestras necesidades. Es interesante recordar que esta forma de almacenamiento es inalterable con el tiempo, salvo que estropeemos físicamente el CD.

Si tenemos una tarjeta de 8 Gb que son 8000 Megabytes y el sensor de nuestra cámara es de 20 Megapixels, sabemos que nuestra tarjeta podrá almacenar unas 400 fotografías en formato RAW (8000/20), o unas 1600 en JPEG (8000/5).

Nuestro consejo y teniendo en cuenta que se trata de cámaras con un costo superior a las convencionales, es que se empiece con un modelo que permita una resolución mínima de 640 x 480, y mejor aún de 1280 x 960, calidad que será suficiente para uso familiar. Para uso más profesional tendrá al menos 2592 x 1944.

Inicialmente no recomendamos las que incorporan pantalla de LCD en color por el problema adicional de las pilas, pero sería una buena opción encontrar un modelo al que se le puedan intercambiar las tarjetas de memoria. De esta manera solamente tendríamos que cambiar las tarjetas cuando estuvieran completas y no veríamos limitado el número de fotografías.

Sería interesante que a la hora de comprar una cámara digital eligiéramos una que admita diferentes modos de comprimir las fotografías, entre ellos uno sin comprimir, dejando a nuestra elección la calidad final que deseamos.

En resumen, estas son las características que debe reunir nuestra primera cámara digital:

Una resolución mínima de 480 x 320.
Flash incorporado.
Facilidad para cambiar las tarjetas de memoria.
Memoria interna con capacidad de hasta 8 Mbytes.
Posibilidad de incorporar tarjetas Compact Flash de 8 o 16 Mb pues ofrecen la ventaja de consumir poca energía y son intercambiables, o en su defecto Smart Media, esta última más frágil. Otra opción válida es la Memory Stick.
Pantalla de LCD, siempre y cuando no agote prematuramente las pilas. Las pilas, nunca con una duración menor a una hora y, por supuesto, recargables.
Objetivo con zoom de mediana potencia.
Enfoque manual y automático (BSS) a elegir.
Facilidad para conectarla a cualquier ordenador.
Salida para poder visualizarla en el televisor mediante una salida de vídeo.
Tamaño reducido y poco peso.
Información sobre el uso sencilla e intuitiva.
Buffer de memoria que permita disparar la siguiente foto cuando la anterior se está aún procesando.

Precauciones elementales:

Utilice el flash lo menos posible, pues agotará las pilas con rapidez. Tenga el cargador de pilas siempre dispuesto o pilas de repuesto.
No emplee el motor del zoom y mejor gradúelo a mano.
Elija una cámara con visor tradicional y panel de LCD, empleando el primero preferentemente.
Pregunte sobre la manera adecuada para transferir las fotos a su ordenador y averigüe si dispone de un equipo informático adecuado para procesar e imprimir estas fotografías.
No compre un modelo que no permita almacenar al menos 40 fotografías comprimidas, u 8 a la máxima resolución.
La conexión al ordenador mediante un cable serie con opción para los portátiles.

TERCERA PARTE

EQUIPO

Hay muchos accesorios que pueden agregarse a una cámara básica, pero es importante tener presente que ningún accesorio por sí mismo va a proporcionar una fórmula mágica para mejorar las habilidades gráficas del usuario. Los accesorios prestan ayuda técnica, pero sigue siendo el ojo del fotógrafo el que proporcione una buena fotografía.

TIPOS DE MONTURAS

Casi todas las cámaras SLR tienen objetivos intercambiables, sujetos a la cámara por medio de una montura, la más popular de ellas de tipo bayoneta, puesto que las de rosca apenas se consideran. El mecanismo de estas monturas permite cambiar los objetivos simplemente oprimiendo o deslizando un pequeño botón situado siempre cerca del objetivo. Para sacar el objetivo y una vez presionado ese botón de seguridad, se gira 45 grados en el sentido de las agujas del reloj (o al revés, según cómo la miremos) y se tira suavemente hacia delante para extraerlo totalmente y proceder a insertar otra lente.

Una de las grandes ventajas de este tipo de montura es su fiabilidad y la gran resistencia al desgaste, convirtiéndose en una norma estándar para todos los fabricantes.

LOS OBJETIVOS

Así como no hay una cámara que sea ideal para cada situación, lo mismo ocurre con las lentes. Algunas lentes en ciertas situaciones tienen ventajas con respecto a otras, por lo que en principio hay que considerar a todas como válidas. El empleo de lentes u objetivos adicionales supone siempre un paso importante para todo fotógrafo aficionado y debemos considerarlo como la señal distintiva que lo diferencia del aficionado de fin de semana.

El objetivo de la cámara fotográfica representa la calidad de nuestras fotos. No sirve de nada utilizar una cámara muy costosa con objetivos de mala calidad y aunque podemos pensar que la marca de la cámara nos garantiza una mayor eficacia, no influye demasiado en nuestras fotos y será el objetivo quien determine la calidad.
Utilizar una cámara de primera línea, con objetivos fabricados por empresas secundarias desconocidas que nos ofrecen "lo mismo por la mitad de precio", es un desperdicio total. En la otra cara de la moneda, no crea que por tener en sus manos el equipo más caro, incluido el objetivo más perfecto, le va a garantizar una óptima calidad en sus fotografías.

Algo que está muy de "moda" desde hace unos años, es relacionar calidad con luminosidad: a mayor luminosidad, mayor calidad del objetivo, lo que en principio no es cierto, aunque hay que matizar. Los mejores objetivos que se fabricaron en la historia de la fotografía son justamente menos luminosos de lo que la gente piensa, pero hay que tener en cuenta que la tecnología no les permitía mejorar este aspecto. Cuando el pulido de las lentes se intensificó y perfeccionó, la luminosidad aumentó en la misma proporción, del mismo modo que aumentaron los espejos y lentes de los telescopios astronómicos. Ahora ya sabemos que utilizar un objetivo más luminoso no siempre es necesario, pero tampoco le estorbará. No obstante sepa que la diferencia de luminosidad entre un diafragma f/2 y un f/1.4, es de solamente un punto y esta diferencia puede ser imprescindible o superflua, pero indudablemente mucho más cara.

El ojo ve y examina una escena rápidamente y enfoca en los puntos de interés para que el cerebro construya una imagen compuesta. Un ángulo de visión de 40° a 50° es, en la práctica, una aproximación justa de una vista normal, y basándose en esta cifra se habla también de "normalidad" referente a longitudes focales cortas y largas. Por ejemplo, una lente de 20 mm en una cámara de 35 mm proporciona un campo de visión 84°, lo que se considera muy ancho. Sin embargo, si el cuadro se amplía hasta llenar la vista, tal y como era en la escena original, entonces la perspectiva parece normal y esto se logra con un 55 mm. Recíprocamente, una lente de 600 mm en la misma cámara da un ángulo de menos de 4°, aunque mejora el detalle de los objetos.

Las longitudes focales diferentes también tienen algunas características definidas, y las imágenes que producen proporcionan características dispares, algunas muy sutiles. Paradójicamente, las longitudes focales normales no ejercen gran influencia gráfica y es tal su realismo que no suelen ser empleadas habitualmente por los buenos fotógrafos.

Si la lente gran angular produce una imagen subjetiva, el teleobjetivo, en el otro extremo de la balanza, logra una visión más objetiva al magnificar la imagen. Se trata de un objetivo que forma parte habitual en el equipo de los profesionales que quieren acercar el objeto y por ello constituye el soporte principal para la fotografía de la fauna, o para cualquier situación donde el fotógrafo no puede conseguir acercarse lo suficiente.

Sin embargo, y precisamente porque magnifica la imagen, también magnifica muchas aberraciones, y este inconveniente hace que proporcionen menos definición y contraste, al menos comparados con una lente normal típica. Las vibraciones de la cámara también se magnifican, e incluso los teleobjetivos muy modernos, más pequeños y dotados con lentes de espejo, son difíciles de usar a mano con velocidades lentas.

Estos problemas aumentan con la longitud focal, y las lentes más poderosas, de 600 mm y más, necesitan inexcusablemente un apoyo sólido. Este problema es aún más intenso en las cámaras de medio y gran formato, pues emplean objetivos particularmente voluminosos.

Normalmente los teleobjetivos aíslan el objeto de su ambiente y este ángulo tan estrecho permite concentrarse en detalles pequeños y apartarlos del entorno. Dado que la profundidad de campo es poco profunda, normalmente proporcionan un fondo manchando, un primer plano fuera de enfoque, y un objeto perfectamente definido. En muchas situaciones, esta limitación en la profundidad de campo es sumamente útil para quitar distracciones que interferirían con el punto principal de interés en esa fotografía.

Si consideramos que la perspectiva de una fotografía con gran angular parece ampliada y la de un teleobjetivo se muestra comprimida, lo importante es que no pierdan las dos dimensiones. Hay que clasificar los objetos según su tamaño procurando no desvirtuar la realidad. Por ejemplo, las montañas en el horizonte deben parecer siempre más grandes respecto a los objetos que salen en primer plano, como de hecho lo son.
Nosotros somos especialmente sensibles a las proporciones de una cara, y la distorsión ligera proporcionada por un gran angular o incluso por una lente normal usada muy cerca, nos dará

siempre una nariz demasiado grande. Afortunadamente, un teleobjetivo elimina este efecto y da proporciones más agradables.

Una respuesta al problema de tener que llevar varias longitudes focales diferentes es usar un zoom que incluye varias. Las ventajas son obvias pues combinan varias lentes en uno, tienen poco peso y tamaño, son fáciles de manejar y podemos ajustar con rapidez el enfoque y la distancia focal casi con un solo movimiento.
Las desventajas son obvias, y aunque son menos voluminosos que el conjunto de lentes que aportan, son más pesados y su abertura máxima siempre es pequeña.

Partes de un objetivo:

El objetivo, por más económico que sea, debe tener un diafragma, aunque este sea fijo como aún se encuentra en las cámaras de un solo uso y en las que se venden para los niños. Los cristales que se encuentran dentro del objetivo sirven para corregir las aberraciones ópticas y ahora sabemos que los primeros objetivos empleados contenían un solo elemento de cristal. Pero rápidamente se comprobó que para que un objetivo dibuje una imagen más o menos nítida, debía tener más de un elemento.
Dos objetivos de la misma distancia focal, pueden tener diferentes diámetros y/o cantidad de elementos.

El diámetro del objetivo determina la luminosidad máxima que entregará el diafragma, y la cantidad de elementos determinará el precio y la eficacia en la corrección de las aberraciones.

Los objetivos de aberturas pequeñas no suelen tener más de cuatro elementos pero, para conseguir la misma calidad óptica en un objetivo que sea dos "f" más luminoso, deben tener por lo menos seis. La cantidad de elementos que tiene nuestro objetivo nos da un índice del empeño que puso el fabricante en quitar las aberraciones, aunque lamentablemente, a medida que le agregan cristales, están agregando superficies que reflejan los haces luminosos, bajando la definición, contraste y luminosidad del objetivo.

Los objetivos de las cámaras modernas dan una libertad considerable al profesional para hacer trampas con las imágenes. Desde el punto de vista del usuario, la opción más obvia está en sus diferentes distancias: corta, proporcionada por un gran angular, larga con una imagen magnificada y un ángulo estrecho, y objetivos zoom que tienen una longitud focal inconstante.

Aberraciones ópticas:

Las aberraciones limitan la calidad de la imagen y también restringen las posibilidades de mostrar los detalles. Hay siete aberraciones: dos principales que sólo afectan a la imagen entera y el resto en los bordes.

Las dos primeras originan un manchando global a causa de la aberración esférica y la aberración cromática. La **aberración esférica** realmente es un problema de economía porque, aunque las lentes son más fáciles de pulir que si fueran diferentes, su forma esférica curva los rayos de luz que atraviesan las diferentes partes de la lente y el enfoque se desvía ligeramente. La **aberración cromática** ocurre porque los colores que constituyen el espectro tienen cada uno una inclinación diferente a causa del vidrio y tampoco logran concentrase en el mismo punto.

Las otras cinco aberraciones afectan a los rayos que atraviesan la lente oblicuamente, y que se alejan del centro de la imagen. La **aberración lateral** da franjas coloreadas, y los puntos se convierten en líneas que distorsionan las rayas rectas que terminan arqueadas o en forma de barril. El **astigmatismo** convierte los puntos en las líneas cortas, y la **curvatura** de una lente simple no enfoca la imagen por igual, dejando desenfocados los bordes de la imagen.

Todas estos fallos pueden corregirse, por lo menos hasta cierto punto, y aunque algunas de las soluciones son muy técnicas, todas están basadas en unos principios básicos. Los más habituales se realizan fraccionando la lente en por lo menos dos partes diferentes, llamadas elementos, para que los diseñadores de la lente puedan equilibrar un error con otro igual pero opuesto. En otras palabras, si la mitad de la lente posee un vidrio de corona, formado para hacer converger a los haces de luz, y la otra mitad de pedernal, formado para extender los rayos, con la combinación de los dos se conseguirá eliminar la mayoría de las aberraciones cromáticas.

Si mira detenidamente una fotografía notará que la mayoría de las aberraciones se producen en los bordes del formato, ya que la aberración esférica desenfoca los bordes del negativo al no poder enfocar toda la imagen en un mismo plano.

Los diferentes tipos de elementos tienen formas distintas y están situados en posiciones diferentes dentro del cuerpo del objetivo, aunque el diseñador es libre de suprimir algunas cualidades para reforzar otras. Sin embargo, este método no consigue proporcionar un objetivo perfecto y es casi imposible corregir completamente un defecto, y cualquier cambio en uno de los elementos afectará a los demás. La solución es llegar a un compromiso de calidad y precio, realizándose trabajos muy perfeccionados solamente para casos particulares.

Las lentes internas:

El objetivo más útil consiste en tres partes: dos lentes convergentes, con un elemento divergente en el medio. Este trío da buenos resultados sin ser caro y la mayoría de las lentes normales consiguen ajustarse así a las necesidades del usuario.

Incluso los objetivos zoom, algo más complicados, están basados en este sistema tan elemental.

El segundo tipo es el simétrico, en el cual los elementos que hay detrás de la abertura están virtualmente delante del espejo. Las grandes aberturas son posibles con las lentes simétricas, la corrección es muy buena, y al disponer de la misma luminosidad son las preferidas en los objetivos gran angular. Su desventaja es que son muy costosos, por lo que las variedades disponibles se emplean habitualmente en la reproducción fotomecánica, donde se necesita alta definición.

El tercer grupo de lentes es asimétrico en el cual una parte converge los rayos ligeros, mientras la otra los diverge. Aparte de solucionar muchos problemas, este sistema tiene una ventaja muy especial: hace posible alterar la limitación de la longitud focal.

El revestimiento:

El segundo descubrimiento importante fue conseguir revestir la superficie de las lentes con un sistema de multicapas que consigue reducir la señal luminosa que puede afectar la calidad de la imagen. Este defecto se debe a la presencia del aire, el cual no sólo reduce la cantidad de luz que alcanza la película, sino que también esparce luz alrededor de la lente en el interior y debilita la imagen. Si el vidrio no está tratado, alrededor del 4% de la luz se pierde en cada cara por reflexión, con lo cual un objetivo zoom que contenga 20 elementos, solamente el 30% de la luz alcanzará la película. Sin embargo, una capa sumamente delgada de un material que da una refracción particular, como el dióxido de silicio, consigue eliminar reflejos indeseados. El tratamiento multicapa (Multicoating), con siete y once capas en una superficie, es ahora común en la mayoría de los objetivos.

Un revestimiento adecuado puede ayudar a lograr que pase el 95% de la luz disponible. A la hora de seleccionar las diferentes capas que controlarán el espectro luminoso, tratando de alcanzar un 99% de luz, nos encontramos con el problema añadido que las luces pequeñas se pierden.
Para solucionar este problema, se le realiza un tratado anti-reflejo en toda la superficie de los cristales, llegando algunos a tener hasta nueve capas de este tratamiento por cada superficie reflectante, eliminando casi por completo los reflejos parásitos del objetivo.

Una aberración que contienen todos los objetivos que no tengan la cualidad "Apocromático", es la de desenfocar algún color del espectro. Esto se debe a que los colores tienen diferentes frecuencias y a su vez diferentes puntos de enfoque. Hay otras aberraciones pero ya no son tan frecuentes, entre ellas la aberración de coma, astigmatismo, y la aberración cromática lateral, ya mencionadas.

Precauciones:

1. Tenga en cuenta que cualquier filtro adicional que incorpore al objetivo puede ocasionar entradas parásitas de luz y distorsiones de la imagen si no está limpio o tiene ralladuras. Especialmente sensibles al uso son los de plástico o gelatina, así que lo recomendable es que incorpore habitualmente los de vidrio.
2. Usar un objetivo con éxito depende de la señal luminosa, pero ni siquiera las últimas lentes multicapas están exentas de problemas, y cualquier luz que brille directamente en el frontal de la lente generará menos contraste y difuminará la imagen.
3. El sol normalmente es una fuente de problemas, por lo que una precaución básica es emplear un parasol que evite la llegada de los rayos directos. Estas capuchas suelen ser redondas y las encontrará también ajustables, pudiéndose doblar incluso como si fueran una sombrilla.

OBJETIVOS PARA CÁMARAS DE 35

La mayoría de las cámaras de 35 mm que se compran llevan incorporadas lo que se considera como un objetivo normal. Este suele tener una longitud focal de aproximadamente 50 mm y el ángulo de visión es el equivalente al que vemos con nuestros propios ojos.

Su abertura máxima oscila entre 8 y 4, aunque se han popularizado bastante las que alcanzan una cifra de 2 o 1.8.

TIPOS DE OBJETIVOS

El intercambio de objetivos abre una inmensa serie de opciones y probablemente es el factor que más contribuye a la creatividad fotográfica. Una vez que hemos adquirido una cámara dotada con una lente estándar, es aconsejable considerar otras dos lentes más, como un gran angular entre 28 y 35 mm y un teleobjetivo entre 135 y 200 mm. Algunos objetivos zoom pueden cubrir sin problemas desde un 35 a un 200 mm, aunque siempre con una ligera pérdida en la definición y luminosidad.

La posibilidad de intercambiar objetivos en una cámara réflex es tan grande que el aficionado inexperto puede sentirse confundido a la hora de hacer su elección. Aunque posteriormente explicaremos el objetivo más adecuado para cada situación (dejando bien claro que no existe ninguno mejor que otro), la elección está diferenciada básicamente por dos tipos diferentes: objetivos fijos y zoom.

Elegir el mejor objetivo:

Hay muchos parámetros que se utilizan para marcar la diferencia de calidad de un objetivo a otro, y entre ellos los principales suelen ser:

Definición
Contraste
Color

Un objetivo puede tener una alta definición y bajo contraste, o viceversa. Lograr un objetivo que tenga alta definición y alto contraste al mismo tiempo es lo mejor, pero sería muy costoso y por eso la mayoría de los fabricantes suelen volcar la balanza hacia uno de los lados.
Por regla general, hay objetivos denominados "suaves" y "duros", aunque ello no implica mejor calidad. Los objetivos suaves son elegidos por los profesionales en función de sus necesidades y es frecuente que los retratistas los prefieran suaves, mientras que los amantes de la naturaleza elijan los duros. Esto se debe a que las imperfecciones de la cara (granos, cicatrices) suelen disimularse mejor con objetivos suaves y que el detalle suele ser más definido en objetivos duros. Por otro lado, un objetivo suave no puede endurecerse, mientras que un objetivo duro se puede suavizar mediante el uso de filtros.

Como ya sabemos, los objetivos tienen varios cristales que corrigen las aberraciones ópticas, pero a su vez agregan reflejos parásitos dentro de los objetivos que hacen bajar la calidad y el contraste de la imagen. Para corregir este problema se le aplica a las superficies de los cristales un tratamiento anti-reflejo (flúor).

Este tratamiento se percibe a simple vista cuando miramos el característico reflejo con sus diferentes colores que suelen tener los cristales de los objetivos.

Los primeros objetivos tratados solían traer una capa, pero muy pronto se descubrió que si se le agregaban más capas se mejora el problema, aunque a partir de cierto número bajaba la calidad. Por esa razón los mejores objetivos Multi-coating (MC) suelen traer no más de tres capas, aunque ciertas marcas presumen de aportar 5 o 6 sin disminución de la calidad y existe una patente que permite llegar hasta las 9 capas sin pérdida de calidad.

Aunque a primera vista lo sensato sería comprar un objetivo con tal número de capas anti-reflejo, hay que insistir en que aunque el avance tecnológico es importante, el sistema MC no es indispensable. Hay marcas de reconocida solvencia en el mundo entero que efectúan solamente una capa en sus objetivos y su calidad está fuera de toda crítica.

Para finalizar, si queremos obtener la mayor calidad de imagen en todos los casos que sea posible y utilizando cualquier objetivo, hay que cerrar siempre el diafragma tres o cuatro puntos de la abertura máxima. Si bien cerrándolo al máximo obtendremos una mayor profundidad de campo, no es el punto de máxima calidad.

OBJETIVOS DE DISTANCIA FOCAL FIJA:

Ojo de pez
Gran angular
Normal
Teleobjetivo
Macro

NORMAL O ESTÁNDAR

El objetivo *Normal* puede incluir desde el 35 al 55 mm, siendo la distancia mínima para enfocar entre 30 y 50 cm.

Es adecuado cuando queramos asegurarnos que lo que vemos con nuestros ojos es lo que queremos que se vea en la fotografía. Suelen tener una gran luminosidad y estupenda definición, por lo que se hacen imprescindibles en aquellos casos en los cuales sea más importante la calidad que la creatividad o cuando tengamos que fotografiar objetos planos.

Se aproximan fielmente a la visión real, aunque se aproximan aún más los de 55 mm. Permiten fotos sencillas, son muy luminosos y logran una estupenda definición sin distorsiones en la perspectiva. La abertura máxima del diafragma delimita su precio, siendo los más habituales aquellos que tienen un f/1,8. Aún mejores son los de f/1,4 y f/1,2 mientras que el f/1,0 es mucho más caro pero superior a cualquier otro.

Si no somos unos buenos expertos las fotografías con estos objetivos serán aburridas y demasiado vulgares. No sirven para primeros planos de personas y tampoco proporcionan suficiente sensación de relieve o profundidad.

GRAN ANGULAR

Un objetivo gran angular proporciona una zona de visión más ancha que uno normal, así como una mejor definición delante y detrás de la zona de enfoque, lo que se denomina como profundidad de campo. Como cualquier otro objetivo intercambiable, aporta sus ventajas y desventajas, siendo el mayor inconveniente la dificultad en lograr centrar una zona de interés en la fotografía, pues la vista se dispersa. Por tanto, no parecen adecuados para el retrato, ni mucho menos para los primeros planos, aunque algunos fotógrafos experimentados logran buenos resultados con estas distorsiones. Como ventaja, además del amplio campo que cubren, están en que hacen grande lo pequeño sin grandes distorsiones y proporcionan fotografías originales especialmente en edificios y espacios muy reducidos.

El Gran angular abarca desde los 20 a los 35 mm y la distancia mínima de enfoque oscila entre los 18 y los 30 cm. Todos agudizan la perspectiva y poseen una gran definición lineal. Tienen una gran profundidad de campo, aunque en aberturas máximas incluso desenfocan el fondo.

A la larga, las lentes adicionales son los accesorios que harán de usted un experto en fotografía y posiblemente piense que uno de los objetivos que más contribuyen a ello es el gran angular. No solamente consigue que entre en el cuadro mayor información, sino que mejora la profundidad de campo más que el objetivo normal y por supuesto el teleobjetivo. Tal es así que podemos tener un objeto relativamente cerca de la lente y seguir enfocando igualmente el fondo.

Si el objeto es pequeño conseguiremos que parezca mayor a medida en que nos acercamos a él. No obstante y aunque sean muy espectaculares, el gran angular extremo, y eso lo podemos considerar ya desde un 28 mm, aumenta también la distorsión, algo que puede resultar desagradable en el retrato de personas. Por ejemplo, un gran angular de 21 mm dirigido directamente al rostro de una persona hará que la nariz parezca enorme, las mejillas resoplando hacia fuera, y las orejas como si pertenecieran a un pequeño elefante. Esto puede resultar divertido al principio, pero la novedad se acabará pronto y necesitará emplearlo solamente en cosas serias.

El primer uso obvio de una lente gran angular es abarcar una gran escena, evitando cualquier punto de vista íntimo. Será útil cuando sea físicamente imposible moverse hacia atrás para incluir todo el paisaje, especialmente en interiores, y cuando estamos obligados a cubrir todo lo que nuestra vista contempla.

El otro atributo que le define es su longitud focal, pues posee incluso gran profundidad de campo empleando la abertura del diafragma al máximo. Un objetivo de 20 mm puede enfocar perfectamente desde 2 metros hasta el infinito y cuando se emplea un f/22 el límite íntimo de agudeza puede acercarnos hasta los 35 cm.

El efecto óptico de un gran angular es que hace que los objetos que están cerca de la cámara parecen más prominentes. Esto, bien combinado con la gran profundidad de campo, hace posible mostrar una gran distinción entre los objetos cercanos y lejanos, algo que crea una fuerte relación espacial en el espectador.

La perspectiva pronunciada también tiene otro uso, pues las líneas diagonales y la distorsión en los bordes pueden usarse para fortalecer la composición gráfica de una fotografía, consiguiendo atraer la atención hacia motivos sin interés.

Una gran utilidad:

En fotografía de noticias, por ejemplo, las oportunidades pueden aparecer sólo brevemente, pero si ponemos el enfoque prefijado en el infinito (∞), conocido como distancia hiperfocal, la cámara puede usarse rápidamente y sin problemas porque todo está bajo enfoque. Esto nos permitirá, además, aportarnos un ancho de vista enorme que podrá ser conservado o cortado posteriormente en el montaje.

TELEOBJETIVOS

Un teleobjetivo es un elemento que tiene muchas ventajas y no solamente porque logra aproximar lo que se encuentra lejano o inaccesible, pues por el simple hecho de acercar los objetos es una opción extraordinaria para los retratos. También posee múltiples ventajas con relación a otros objetivos, especialmente respecto al gran angular, en situaciones como los retratos en los cuales un gran angular distorsiona las partes más cercanas a la cámara, como la nariz o las rodillas. Este efecto puede ser gracioso, pero indudablemente no es natural.

Un teleobjetivo de 100 mm permite al fotógrafo alejarse algo del objeto, lo que le hace estar más relajado. Pero como no todo va a ser ventajas, como contrapartida (aunque no se pueda considerar como un defecto) las imágenes quedan comprimidas, lo que en algunas circunstancias puede ser contraproducente. También queda alterada la profundidad de campo, obligando a un enfoque más minucioso, aunque permite centrar la vista en la zona elegida por el fotógrafo, por ejemplo en los ojos que quedarán muy resaltados. Hay que mencionar que suelen tener una luminosidad muy reducida, al menos si los comparamos con un objetivo normal y que con ellos el uso del flash es más problemático y obliga a cálculos manuales no siempre acertados.

El Teleobjetivo habitual abarca desde 85 a 300 mm, y ya sabemos que nos permiten, especialmente los más potentes, tomar fotos de lugares distantes a los cuales no queremos o no podemos acercarnos. Aíslan totalmente al objeto de su entorno (si este es nuestro deseo), consiguiendo centrar nuestra vista en el lugar escogido. Dan relieve, calidad fotográfica y permiten percibir mejor los detalles, logrando llegar donde nuestra vista no puede, abriendo nuevos y maravillosos horizontes a la fotografía. Son imprescindibles, pues, para el retrato, la fotografía de animales o los deportes.

Un teleobjetivo de 85 mm se emplea para retratos en los cuales el fondo tenga cierta importancia. Proporcionan imágenes nítidas, no generan fotos movidas, tienen poco peso y son bastante luminosos, entre un f/1,8 a un f/4. No producen aberraciones con aberturas máximas y el enfoque manual es rápido y preciso.

Los teleobjetivos más usuales abarcan desde el 135 mm al 300 mm. Suelen tener una luminosidad que oscila entre un f/2 y un f/4, contando habitualmente con un sistema de enfoque rápido y muy preciso. Normalmente llevan un parasol retráctil, estabilizador de la imagen y un corrector de astigmatismo. La distancia mínima de enfoque suele ser de 1,5 metros y algunos cuentan con zapata para trípode.

Los teleobjetivos profesionales, mucho más potentes, suelen empezar en un 400 mm y llegar hasta los 1200 mm. Dado su alto precio cuentan con una calidad extraordinaria y gran luminosidad, siendo fácil encontrar los que poseen aberturas máximas de f/2,8, aunque los más habituales se limitan a un f/5,6. Los mejores tienen muy poco peso y se pueden sujetar con la mano, aunque cuentan con zapata para trípode. Suelen ser autofocus y admitir sin distorsiones los duplicadores de imagen. Incorporan elementos de fluorita para lograr imágenes nítidas en las esquinas.

Recomendaciones:

Antes de trabajar con un teleobjetivo, y eso se hace más agudo cuanto más potente sea, debe saber que dispondrá de menos cantidad de luz en su película y quizá sea conveniente trabajar al menos con una película de 200 ASA. Por bueno y luminoso que sea un teleobjetivo si emplea 100 ASA, apenas tendrá margen para trabajar y se verá obligado a emplear velocidades de obturación tan bajas que le obligarán a emplear un trípode. Si posee un cámara réflex el ajuste de luz se realizará automáticamente y pronto se dará cuenta que esa es la verdadera limitación de un gran teleobjetivo, más acusada si emplea un zoom.
Normalmente un teleobjetivo suele tener una abertura máxima de f/4, aunque existen algunos que pueden llegar hasta f/2.8, pero sepa que son muy caros y posiblemente sus ventajas no justifican tal alto coste.

En contraste con los objetivos gran angular, cuando se fotografía personas con un teleobjetivo normalmente salen muy favorecidas. Esto se debe a que la ligera compresión que realiza en las partes prominentes, especialmente la nariz y orejas, quedan mejor proporcionadas y ayudan a dar una estética mejor. Es como cuando miramos la cara de una persona desde lejos, pues la distancia nos impide ver las imperfecciones del rostro pero no el conjunto, lo que sin duda mejora la apariencia global. El teleobjetivo, al estar situado lejos de la persona, le permite ser más espontáneo, no estar cohibido, y sus imperfecciones pasan casi desapercibidas.

Catadióptricos

Esta lente de espejos es un tipo completamente diferente de objetivo, pero que solamente puede usarse para longitudes focales muy largas. Su primera gran ventaja es que usando una superficie que refleja la luz en lugar de refractarla (fenómeno que consiste en cambiar de dirección el rayo de luz que pasa oblicuamente de un medio a otro de diferente densidad), se eliminan muchas aberraciones en el color. En segundo lugar, el objetivo puede hacerse muy corto al hacer saltar la luz entre dos espejos. También, el enfoque puede ser cambiado por medio de un pequeño movimiento del anillo de enfoque, algo muy útil en longitudes focales muy largas.

Se trata, pues, de objetivos con distancia focal muy larga y que gracias a su sistema interno de espejos reduce su tamaño por lo menos a la mitad de la que debería tener.

El sistema que emplean es así:

La luz es reflejada por un espejo y recibida por otro, que a su vez la refleja hacia la película. Al realizar esos rebotes, el trayecto realizado por los rayos de luz es mucho mayor que si lo hiciese en línea recta, con lo cual se consigue construir un objetivo de corto tamaño, aunque mayor anchura. Esa es su principal ventaja, pero la desventaja que tiene este sistema es la escasa luminosidad, generalmente F/8, y muchos de estos objetivos suelen venir sin diafragma, obligando a emplear filtros neutros para disminuir la luminosidad.
Como ventaja adicional es que al no tener diafragma automático puede ser adaptado el mismo objetivo a cualquier sistema.

Aunque se suelen emplear para fines similares, los objetivos **Catadióptricos** poseen diferencias sustanciales con respecto a los teleobjetivos. Como ventajas tenemos que poseen una buena reproducción del color, un amplio ángulo de cobertura, así como un reducido peso y tamaño. Su enfoque tradicional mediante pequeños círculos en forma de lentejuelas hacen algo más complicado el enfoque para las personas poco expertas, aunque pronto deja de ser un inconveniente.

OJO DE PEZ
Fish Eye

Los objetivos Fish Eye u ojo de pez son elementos que cubren un campo focal muy amplio, alrededor de los 180° y no tienen ningún tipo de corrección de aberración esférica, característica que aporta esa visión circular tan peculiar incluso en las líneas rectas. Muchos fotógrafos suelen pensar que todos los objetivos de menos de 20 mm son "Ojo de pez", pero no es así, ya que también existen objetivos con gran ángulo de cobertura y corta distancia focal que corrigen ese defecto y que se denominan rectilíneos. Estos últimos suelen costar 10 veces más que los ojos de pez.
Un objetivo ojo de pez habitualmente produce un efecto insólito, pero no nos sirve como elemento de trabajo cotidiano al tener limitadas sus aplicaciones y su valor como novedad se gasta rápidamente.

El Ojo de pez suele tener una longitud focal de 14 a 18 mm, y la distancia mínima de enfoque suele ser de 18 cm. Ofrecen un ángulo de visión de 180° y una gran profundidad de campo, por lo que será difícil que algo salga desenfocado. Se emplean para lograr perspectivas y crear efectos especiales, y espaciales, imposibles de ver con el ojo humano.
Terminan siendo aburridos, por lo que se recomienda emplearlos en contadas ocasiones y nunca los recomendaríamos para los fotógrafos aficionados.

La mayoría incorpora un parasol asimétrico y un filtro de gelatina en la parte posterior y los mejores corrigen el astigmatismo y la distorsión.

OBJETIVO MACRO

Los objetivos Macros están especialmente diseñados para trabajar en distancias muy cortas y con la ayuda de un fuelle pueden llegar a realizar ampliaciones de 1:1. También existen una serie de objetivos Zoom y fijos que tienen habilitada una opción Macro, pero distan mucho de ser iguales. Si bien estos objetivos permiten enfocar a distancias muy cortas al igual que un objetivo macro, no disponen de los sistemas de corrección de aberraciones necesarias para estas distancias tan pequeñas y el resultado es una pérdida en la calidad.

Por eso, si necesita unas prestaciones correctas deberá escoger un objetivo pensado exclusivamente para cortas distancias, teniendo en cuenta que son poco luminosos y que hay que usarlos con diafragmas muy cerrados pues la profundidad de campo está siempre al límite.

El macro permite al fotógrafo acercarse al objeto mucho más de lo que la vista es capaz de percibir sin ayuda y sin la necesidad de incorporar lentes o anillos de aproximación. Dependiendo del objetivo empleado se pueden magnificar los objetos pequeños hasta que lleguen a producir una impresión final que les muestra como un elemento a tamaño normal. Muchos de los objetivos anteriormente mencionados, comprendidos entre 28–300 mm, tienen esta propiedad en origen y debe tenerse en cuenta en el momento de comprarlo pues se trata de un extra de sumo interés.

De todas maneras, aunque el **Macro** puede ir incorporado al mismo objetivo y permite acercarse a distancias muy pequeñas, para fotografías especiales se necesitan las lentes de aproximación, los anillos o los fuelles.

Lo cierto es que un objetivo así permite sacar fotografías a objetos muy pequeños y con ello ver detalles que habitualmente se escapan de nuestra visión, acercándonos a un universo casi siempre desconocido, como son los insectos. El problema es que se requieren buenos conocimientos de fotografía para manejarlos, puesto que la luz y los volúmenes nos obligan a adoptar ciertas precauciones. La profundidad de campo es casi nula y el enfoque debe ser muy preciso, mientras que el empleo del flash hace necesario un equipo adecuado y en ocasiones difíciles de manejar.

Encontrará buenos objetivos macro en 50 y 100 mm, lográndose ampliaciones de 1,0x. Los insectos y objetos muy pequeños requieren una longitud focal más larga. Los de 50 mm y f/2,5 permiten aumentos de 0,5x, pudiéndose aumentar mediante un duplicador sin pérdidas importantes de la definición.

Los de 100 mm logran mayores aumentos sin que aumenten también las aberraciones y si deseamos un máximo aumento a gran distancia necesitaremos un macro de 180 mm y f/3,5.

Recomendaciones:

Para lograr unas buenas fotografías con un objetivo macro necesitará disponer, al menos, de un reflector plegable, una tarjeta gris neutra, un pulverizador de agua, además de un brazo flexible.
Si el objeto a fotografiar está situado delante de un fondo muy oscuro o claro, la tarjeta gris le ayudará a calcular el tiempo exacto de exposición puesto que la lectura del fotómetro la haremos en ella.
El reflector plegable, de unos 30 cm de diámetro, deberá poseer dos caras: una blanca para suavizar zonas muy oscuras o con fuertes contrastes, y otra plateada para aumentar la cantidad de luz que llega al objeto.
Respecto al pulverizador de agua, nos servirá para rociar flores y conseguir así un efecto de frescor.

ZOOM

Quizá la mayor ventaja de estos objetivos es que permiten variar la distancia focal sin perder el enfoque. En el mercado se encuentran de dos tipos: los primeros realizan el zoom y el enfoque con solo un aro, mientras que los segundos tienen un aro de enfoque y otro para el zoom.

Muchos fotógrafos encuentran estos objetivos muy convenientes pues con ellos pueden lograr una variedad infinita de longitudes focales que permiten hacer una composición mucho más fácil. Aunque en el sentido técnico un objetivo zoom no producirá la calidad de otro de focal fija, bajo condiciones normales solamente un experto encontrará la diferencia.

Dependiendo del tipo de fotografía, se pondrá utilizar la focal ancha o la corta, con toda la escala intermedia, buscando siempre el mejor encuadre y todo ello de una manera rápida y corta, por lo que debemos considerar su compra como una opción sensata.

Son versátiles, cómodos de manejar y no excesivamente caros y muchos fotógrafos llevan como equipo básico solamente dos objetivos zoom: uno que abarca la visión gran angular, y otro que posee potencias similares a los mejores teleobjetivos.

Inconvenientes:

El mayor problema es la menor calidad que proporcionan, al menos en relación con los objetivos de distancia focal fija. Esto se debe a que las aberraciones son distintas para las diferentes distancias focales, y solo puede corregirse en un término medio para todas. Otro motivo por lo cual suelen tener menos calidad es que están construidos con muchos más elementos que los objetivos de focal fija y ya sabemos que cada cristal o elemento aumenta la reflexión y baja el detalle. Por ello, es mejor tener un zoom de distancia focal no muy extrema y uno de 35-135 tendrá una mejor calidad que otro de 28-200 del mismo fabricante, ya que al tener un rango menor es más fácil corregirle las aberraciones y necesita menos elementos.

Los mejores zoom gran angular corrigen la distorsión y mejoran la resolución periférica. Suelen llevar un portafiltro de gelatina en la parte posterior del objetivo y los encontrará en distancias focales de 17-35 mm, 20-35 mm y 24-85 mm.
Como zoom normal los hay entre un 28-105 mm y 35-80 mm, consiguiendo proporcionar imágenes de gran contraste y funcionar perfectamente con el flash, incluso los automáticos.
Como teleobjetivos zoom existen habitualmente en medidas 70-200 mm, 80-200, 70-300 mm, e incluso los potentes 35-350 mm. Estos objetivos permiten trabajar incluso sin trípode y son adecuados para fotografía de animales o eventos deportivos, existiendo incluso algunos que corrigen todas las aberraciones cromáticas y poseen una reducida refracción y dispersión.

VARIO

Los objetivos "Vario" son hermanos de los objetivos Zoom, aunque mucho más costosos. Como éstos, contienen todo un rango de distancias focales dentro del mismo objetivo y aportan ventajas y desventajas.

Las principales ventajas son su mayor luminosidad y calidad, aunque no llegan a igualar a los objetivos de distancia focal fija. La desventaja con respecto a los zoom es que no mantienen el enfoque en todo su rango focal. Eso quiere decir que, por ejemplo, si enfocamos un sujeto y queremos "acercarlo" debemos corregir luego el enfoque, con lo cual se pierde algo de agilidad.

OBJETIVOS ESPECIALES

Si nosotros fotografiamos un edificio muy alto desde una distancia muy próxima, nos vemos obligados a "inclinar" la cámara hacia arriba para poder encuadrar todo el edificio. Con esto, la película deja de estar paralela al edificio, con lo cual se logra el característico efecto de un edificio muy alto e inclinado.
Si usted no posee un objetivo corrector similar, una buena solución es realizar la fotografía desde lejos empleando un teleobjetivo.

El cambio en la perspectiva por el uso de los diferentes objetivos condiciona frecuentemente la elección, especialmente en las líneas verticales que tienden a converger, lo que puede no ser aceptable en la fotografía técnica. El punto de vista elegido por el fotógrafo es decisivo para este efecto y en ocasiones solamente se podrá evitar empleando objetivos especiales que corrigen este problema.

La regla convencional es asegurarse que el plano de la película es paralelo al plano vertical del objeto y entonces todas las líneas verticales permanecerán rectas. Este tipo de objetivos logran que aunque la cámara o el punto de vista agudicen el efecto de perspectiva, con líneas verticales convergentes en la cima, el eje pueda alterarse y permita que la cámara permanezca recta mientras que el objetivo se mueve hacia arriba y logre encuadrar todo el edificio.

PC o TS-E

Los objetivos PC o corrector de perspectiva, están especialmente diseñados para trabajos de arquitectura. Estos objetivos son de 35 o 28mm. y permiten un basculamiento vertical, con lo cual se consigue en una cámara réflex corregir los errores de perspectiva. Este sistema es muy parecido, aunque no permite la corrección horizontal, al basculamiento de las cámaras técnicas.

Los objetivos TS-E permiten modificar el ángulo del plano de enfoque entre el objetivo y el plano de la película sin alterar las dimensiones y perspectiva real. Cuando se desea abarcar una gran superficie normalmente se emplea un gran angular y una abertura pequeña que permita una gran profundidad de campo, pero si empleamos uno de estos objetivos especiales se puede lograr una gran profundidad de campo incluso con la máxima abertura del diafragma, puesto que el plano de enfoque queda uniforme sobre el plano de la película.

Los objetivos TS-E, en suma, modifican esta distorsión de la perspectiva y los edificios conservan sus medidas reales, tanto en la base como en la altura.

CUARTA PARTE

ACCESORIOS

Pronto se dará cuenta que, además de la cámara y los objetivos, también necesitará una serie de elementos adicionales si en verdad quiere convertirse en un experto en fotografía. Con el tiempo, su equipo le costará tanto como un coche pequeño, pero con seguridad le dará menos problemas y más satisfacciones.

PARASOL

Debe comprarse al mismo tiempo que la cámara y simplemente observando a los fotógrafos profesionales se dará cuenta que forma parte del equipo básico. Estas capuchas impiden que las luces parásitas, aquellas que no deben formar parte de la foto, entren en la cámara y estropeen el trabajo. Pueden proceder de la luz del sol que entra directamente o en dirección oblicua, mediante el reflejo procedente de un edificio o por algún objeto brillante. Si usted tiene alguna duda sobre la necesidad real de emplear un parasol para su cámara, la próxima vez que esté caminando observe la frecuencia con la cual tiene que proteger sus ojos de la intensa luz del sol, lo mismo que cuando conduce un automóvil.

EL TRÍPODE

Un trípode permite que la cámara permanezca inmóvil mientras usted dispara con exposiciones largas, y esto se considera así con velocidades inferiores a 15 de segundo. Para que usted realice un cálculo sobre la necesidad o no de emplear un trípode, sepa que ello está en función del objetivo y la velocidad de obturación empleada. Por ejemplo: si utiliza un teleobjetivo de 200 mm será conveniente que emplee un trípode si la velocidad es menor a esta cifra. Si emplea uno de 50 mm, por debajo de esta cifra también se lo recomendamos.

Para que el trípode sea eficaz debe estar rígidamente sujeto al suelo y sus materiales deben ser igualmente rígidos. Algunos trípodes son muy débiles, elaborados con materiales delgados y de poco peso, y cuando están totalmente extendidos hasta las pisadas lo mueven.

En el mercado podrá encontrar pequeños trípodes que apenas alcanzan los 15 cm de alto, adecuados para macrofotografía y otros que plenamente desplegados llegan hasta los tres metros. Nuestra recomendación es que no compre ninguno que sea más alto que sus propios ojos, especialmente si no tienen el peso necesario.

También encontrará trípodes que vienen completos con todos los accesorios y otros que necesitan una cabeza especial para su modelo de cámara, así como algunos que permiten sujetar igualmente el flash.

En cuanto a las características de las cabezas sepa que estas pueden variar y deberá elegirla en función de sus necesidades y dotada con toda clase de posiciones imaginables.

El tipo más común es aquella que permite mover la cámara fácilmente en 360 grados y al mismo tiempo permite ajustarla verticalmente. Es importante que todos estos ajustes puedan efectuarse rápidamente y que en el movimiento exista cierta resistencia, pues unas rótulas que giren casi sin esfuerzo son muy malas para un ajuste perfecto.

Por supuesto, las patas deberán ser ajustables una a una y mejor si están dotadas de un sistema para graduarlas por igual y alguno para que le permita saber cuándo el trípode mantiene la horizontal perfecta.

MONOPIE

Dado que muchos trípodes son a menudo voluminosos, especialmente los más fiables, en algunos lugares como iglesias, o edificios de interés histórico y museos no permiten su uso sin un permiso. Una solución a esto puede ser usar un monopie y como su nombre indica, consiste en una sola pata que puede ajustarse a alturas diferentes.

Obviamente, un monopie no permanecerá estable como el trípode, por lo que solamente le servirá como ayuda para sujetar la cámara. Supone, no obstante, una alternativa muy válida para estabilizar la cámara, aunque apenas si está difundida. De poco peso, fácil de transportar y bastante más versátil que el trípode, este soporte para cámaras ofrece aún más ventajas, pues se prepara inmediatamente y puede apoyarse en cualquier superficie, replegándose con la misma rapidez.

Indudablemente no nos servirá para realizar exposiciones de menos de 1/15 de segundo, pero nos permitirá apoyar discretamente un voluminoso teleobjetivo y apoyar la cámara en lugares escabrosos y delicados. Como ventaja adicional y si gustamos de sacar fotografías en montaña o naturaleza virgen, supone un bastón sólido y de poco peso, además de un arma ligera y disuasoria.

DISPARADOR DE CABLE

Un disparador de cable puede acoplarse a cualquier cámara y le permitirá efectuar sus fotografías con menores vibraciones. Estos accesorios, conectados directamente con el obturador, son empleados casi como opción habitual en los fotógrafos profesionales, especialmente cuando se dispone igualmente de un trípode. Es usado preferentemente para disparar a velocidades lentas y de manera imprescindible si necesitamos una gran exposición.

El momento más delicado en el disparo con largas exposiciones no es precisamente cuando apretamos el botón, sino cuando separamos el dedo, pues en ese instante ya ha pasado algún tiempo con el obturador abierto y seguramente la imagen saldrá movida. Aunque algunos fotógrafos tapan el objetivo con la mano mientras aprietan el disparador, esto no garantiza buenos resultados.

Prácticamente todas las cámaras actuales disponen de una conexión para el disparador de cable, aunque las mejores son aquellas que poseen contactos eléctricos. Hay también algunos cables que le permiten efectuar el disparo, pero no se activan hasta que usted lo decida, lo que se logra anulando un bloqueo especial. Sepa que cualquier vibración que ocurra cuando el espejo sube es eliminada mediante este sistema en diferido, por lo que le recomendamos que pregunte bien a su tienda de fotos.

BOLSA DE ACCESORIOS

Una bolsa para llevar todos los accesorios es conveniente y también proporciona protección para al equipo. Las más eficaces tienen algunas zonas externas duras, esquinas y suelo, y casi todas incorporan compartimentos de caucho o espuma para que se puedan modificar según las necesidades.

Aunque a primera vista una bolsa rígida parece ser la mejor opción, pues los materiales quedan perfectamente protegidos, frecuentemente son poco adaptables a las necesidades particulares, pues no permiten que entre nada más que aquello que sea estándar.

Nuestro consejo final es que si usted tiene que facturar su bolsa en algún medio de transporte o dejarla a algún amigo, compre sin dudar una rígida, pero si es para uso exclusivamente personal y esporádico, pudiendo contar con el transporte en coche particular, la mejor opción es una bolsa flexible que esté dotada de múltiples compartimentos adaptables.

Importante:

Un último detalle es la seguridad, pues una bolsa hermética de fotografía siempre es un bocado apetitoso para los ladrones, por lo que le recomendamos llevarla siempre colgada al hombro y no la ponga en el maletero de su coche justo cuando lo aparque. Los amigos de lo ajeno ya le habrán visto y saben lo que contiene.
Tampoco estaría de más asegurar su equipo fotográfico, pues con el tiempo y la incorporación de nuevos accesorios, se convierte en algo valioso. Un seguro contra robo o pérdida le costará muy barato.

ZAPATA PARA FLASH

La mayoría de las cámaras réflex incorporan uno o más contactos o zapatas para el flash, aunque algunas solamente admiten aquel que la misma casa fabricante diseña para esa cámara. De todas maneras, la zapata frontal situada en la parte de arriba de la cámara es una opción cómoda pero nada correcta, por lo que le recomendamos ponga su flash, si ello es posible, lateralmente.

En el comercio también encontrará zapatas universales que permiten situar cualquier flash alejado de la cámara mediante un cable, así como otras que llevan una célula fotoeléctrica que activará su flash cuando exista otro destello simultáneo.

FUELLE

El fuelle es un rectángulo de cuero sobre unos rieles de aluminio que tiene en un extremo una montura macho de objetivo, y en el otro extremo una montura hembra. De esta manera permite alejar el objetivo de la cámara, logrando subir la escala de ampliación. Si empleamos un fuelle junto a un objetivo macro, lograremos obtener ampliaciones de una calidad impresionante y de una manera muy práctica.

El fuelle es un accesorio imprescindible para los amantes de la fotografía macro y así como el Zoom permite variar fácilmente la distancia focal, el fuelle permite variar figurativamente la escala de ampliación. La única desventaja del fuelle es su fragilidad, ya que se suele romper muy fácilmente, aunque hay algunos materiales plásticos muy resistentes.

Importante:

Hay que tener en cuenta que para utilizar un fuelle es necesario tener un trípode, y casi imprescindible que la cámara que utilicemos tenga un exposímetro

TTL. Si se dispone de algún objetivo de ampliadora podría fácilmente adaptarse a cualquier fuelle, y nos permitiría realizar copias de papel a negativo de muy buena calidad y sin que los bordes salgan fuera de foco. Finalmente, no hay que olvidar que tanto los fuelles como los tubos de extensión restan dos diafragmas por centímetro de extensión

ANILLOS DE EXTENSIÓN

Los tubos o anillos de extensión cumplen la misma función que el fuelle, con la ventaja de que no tienen esa fragilidad característica del fuelle. Otra ventaja que tienen los tubos de extensión es que transmiten todo tipo de automatismos al objetivo, cosa que no sucede con todos los fuelles y su respectivos sistemas. Su principal desventaja con respecto al fuelle es que no permite graduaciones intermedias.

Se emplean en las cámaras réflex para conseguir disminuir la distancia mínima de enfoque sin perder calidad en la definición ni luminosidad. Aunque la mayoría siguen conservando las opciones automáticas de la cámara, le recomendamos que efectúe la graduación manualmente, pues con frecuencia estos anillos alteran algo los sistemas automáticos.
El sistema de acople es sencillo: se sitúan uno o más anillos en el cuerpo de la cámara y a continuación se incorpora el objetivo estándar.

El mayor problema técnico es que la profundidad de campo es tan reducida que solamente proporciona buenos resultados en objetos planos. Aún cuando usted cierre el diafragma para aumentar esta profundidad de enfoque, apenas logrará resultados notables.

ADAPTADOR PARA INVERSIÓN

Estos accesorios efectúan el mismo efecto que si tuviéramos un objetivo macro y ampliáramos la imagen. Algunos tienen una bayoneta o rosca (igual que el objetivo) y en el extremo una rosca de filtros del mismo diámetro que utilizan los objetivos del sistema. Con este adaptador se logran ampliaciones 1:1 y una excelente calidad, con un costo ínfimo y utilizando el objetivo normal. La desventaja de este sistema es que no se puede variar la escala de ampliación y que no hay posibilidad de transmitir el diafragmado al objetivo.

DUPLICADORES

El teleobjetivo más útil es aquel que oscila entre un 135 y un 200 mm, pero para aquellos casos en los cuales esa potencia sea escasa, algo que ocurre en la fotografía deportiva, necesitará uno de 500 mm. El problema es que son tan pocas las oportunidades de sacarle rendimiento que no está justificada su inversión.

Como opción, le recomiendo un duplicador de imagen, un accesorio que se coloca entre el cuerpo de la cámara y el teleobjetivo. Si compra uno de dos aumentos transformará una lente de 250 mm en otra de 500 mm y todo a un bajo precio. Por desgracia, la razón para que no estén muy extendidos, es que se pierde luminosidad y nitidez, casi en la misma proporción en que aumentan la potencia del teleobjetivo de origen.

Si usted no es muy exigente en esas fotografías a larga distancia le será útil tener a mano un duplicador, incluso los hay de tres aumentos, y posiblemente esas fotografías tendrán unas características que las haga especiales. El aumento de grano y la pérdida de definición las podrá emplear a su favor para lograr efectos que suelen ser muy apreciados por los profesionales.

También denominados teleconvertidores, son similares a los tubos de extensión pero tienen elementos ópticos que duplican o triplican la distancia focal. De esta manera, con un objetivo 50 mm F/2 y un duplicador obtenemos un objetivo 100 mm. F/4, aumentando la distancia focal y disminuyendo la luminosidad. Esto se debe a que si bien aumentamos la distancia focal no podemos aumentar el diámetro del diafragma, lo que ocasiona una pérdida de calidad, agudizada por la duplicación de las aberraciones.

LENTES DE APROXIMACIÓN

Básicamente cumplen la misma función que el fuelle o los tubos de extensión, pero tienen dos grandes ventajas: son muy pequeñas para transportar y no pierden luminosidad. Externamente son similares a los filtros y se encastran de la misma manera. La única desventaja, y la causa de que no gocen de gran estima, es que bajan drásticamente la calidad de los objetivos, aunque al igual que en el caso de los duplicadores, cuestan poco y resulta recomendable llevarlos en la bolsa pues nos pueden salvar en más de una ocasión.

La lente de 1 dioptría permite enfoques de 1 metro a 0,33 metros.
Las de 2 dioptrías entre 0,50 m y 0,25 m.
Las de 3 dioptrías entre 0,33 m y 0,20 m.

La *Macrolente* de 10 dioptrías permite una distancia de enfoque entre 0,9 y 0,08.

FILTROS

Filtro UV

Habiendo decidido ya seguir adelante con la compra de un equipo completo, uno de los primeros accesorios deberá ser un filtro UV. Este suele ponerse de manera fija en el objetivo más empleado, tanto si se trabaja en color o blanco y negro. Su misión es reducir la cantidad de luz ultravioleta que llega a la película, procedente de la neblina o minimizando la generada por un cielo azul. Otra gran ventaja y por lo cual son muy apreciados por los fotógrafos, es su labor como protección, pues es más barato reemplazar periódicamente un filtro de vidrio, que un objetivo.

Son de color ligeramente amarillento, no alteran los colores naturales y pronto sabremos su utilidad si fotografiamos zonas de alta montaña o costeras, en donde las longitudes de onda de UV, invisibles para el ojo humano, alterarían enormemente los colores y disminuirían la nitidez en distancias largas.

Estas longitudes de onda producen un efecto niebla en la lejanía que genera colores azulados, lo que puede estropear los colores naturales de un paisaje. En los últimos años estos filtros, no obstante, han perdido protagonismo, especialmente porque muchas películas ya cubren este problema y los hacen innecesarios.

Filtro velocidad

Produce un efecto de velocidad en sujetos u objetos inmóviles. Se puede regular su efecto girándolo.

Filtro doble imagen

Bloquea a voluntad la transmisión de luz en la mitad del objetivo.
Esto permite exponer primero en un lado y luego

en el otro, siempre que la cámara admita esta posibilidad sin avanzar la película.

Filtro doble enfoque

Puede enfocar simultáneamente un objeto situado a solamente 0,30 m, con la misma nitidez que los más lejanos. Emplea el mismo sistema que las gafas bifocales.

Filtros multi-imagen

Pueden triplicar o más cualquier imagen, incluso variando los colores y la disposición.

Filtros estrellados

Crean efectos múltiples en zonas pequeñas de luz, proporcionando efectos estrellados de cuatro o más puntas que se pueden girar.

Filtros con microprismas

No solamente crean efectos de estrella, sino que los rayos son de mayor tamaño y coloreados.

Filtros de compensación del color

Ya hemos explicado que se emplean para corregir el color original, tanto por las cualidades de la película elegida o del revelado, como para igualar las luces artificiales, como las fluorescentes y las domésticas, a la luz natural. Los encontrará disponibles en seis colores básicos: rojo, azul, verde, cyan (entre azul y verde), amarillo y magenta (púrpura). Hay fuertes diferencias en cada uno, y combinándolos adecuadamente podrá corregir el color que quiera.

Filtro skylight

Tienen un tono rosado suave y reducen la dominante azul de la luz del día, proporcionando un efecto agradable. También bloquean la luz ultravioleta y reducen el efecto niebla. Se recomiendan como filtro perenne de protección. No reducen la luz.

Filtro para alta montaña

Más intenso que el anterior, se emplea en zonas de alta montaña o cuando el paisaje está nevado. Elimina los rayos UV y penetra en la neblina.

Filtro equilibrador

Ajusta la luz artificial hasta el nivel de la película graduada para 3400°K. Indispensable para fotografiar cuadros u otras obras de arte en la cual los colores deben ser fieles al original.
También equilibran la luz día hasta ajustarla a la artificial, según estas cifras:

Baja los 5500K hasta 3400K
Baja los 3900 hasta los 3200K

Filtros azules

Aumentan la temperatura de color y evita la tendencia cálida de algunos paisajes. Según la intensidad buscada, aumenta la graduación consiguiendo equilibrar los colores cálidos y rosados de la luz artificial hasta igualarlos a los requeridos por la película.
Existen filtros para:

Aumentar los 2800K hasta 3200K
Aumentar los 4100K hasta los 5500K
Aumentar los 3200K hasta los 5500K

Filtro polarizador

La luz del día se difunde en forma de rayos rectilíneos y con cierta vibración totalmente imperceptible al ojo humano Si empleamos un filtro polarizado para mirar el cielo en un día sin nubes, lograremos desviar en nuestra cámara algunos de los rayos solares, dejando pasar solamente otros.

Este mismo efecto lo podremos emplear cuando fotografiamos metales brillantes o cristales, puesto que conseguiremos desviar, y hacer invisibles, aquellos rayos que nos producen reflejos indeseables.

Todo este proceso se realiza bajo nuestro control, puesto que moviendo el filtro vemos los resultados. Mientras que en la corrección de la luz ultravioleta solamente nuestro carrete acusa este efecto, cuando polarizamos la luz lo podemos controlar perfectamente y ajustar una y otra vez.

El filtro polarizador, por tanto, es un accesorio imprescindible para fotografiar cualquier superficie reflectante, incluida el agua, así como para eliminar reflejos cuando empleamos flash o fotografiamos monitores de televisión.

Del mismo modo, podrá oscurecer intensamente el cielo mientras que el resto de los objetos permanecen con el mismo color y luz, además de aumentar el contraste de cualquier objeto que tenga algo de brillo. No obstante, cuando trate de oscurecer el cielo tenga en cuenta que no siempre lo conseguirá. Logrará hacerlo cuando el sol no esté en línea con su objetivo. El atardecer y el amanecer, por tanto, no son momentos adecuados para el uso de un filtro polarizador.

Importante:

Los filtros polarizadores eliminan mucho más intensamente los rayos UV del paisaje que los ultravioletas y también son eficaces para disminuir la niebla.

La única pega que tienen es que absorben mucha luz y necesitará compensar la exposición casi dos diafragmas más.

Si usted trabaja con una cámara réflex ya sabe que el fotómetro le realizará esta adaptación de manera automática.

Filtros neutros

Se denominan así a los filtros grises, de diferente intensidad, cuya finalidad no es alterar los colores sino reducir la luz que entra en la cámara. Usted puede pensar que no son útiles, puesto que si quiere menos luz puede cerrar el diafragma o aumentar la velocidad del disparo, pero no siempre es posible ni aconsejable hacerlo así.

Si usted trabaja con una película ultrasensible y se encuentra súbitamente con una fuente de luz intensa, imprevista, no podrá trabajar adecuadamente y será el momento de disminuir artificialmente la sensibilidad de la película. Este efecto también le será necesario cuando quiera disminuir la profundidad de campo al máximo en exteriores o crear sensación de movimiento en alguna escena.

No perjudican los colores ni el contraste.

Ojo:
Este mismo efecto de los filtros grises lo puede lograr con el filtro polarizador.

Estos son algunos de los filtros existentes:
El 101 gris claro reduce medio diafragma y son adecuados cuando se dispone de una película muy sensible en un lugar muy iluminado.

El 102 reduce un diafragma y permite emplear velocidades lentas de obturación en ambientes muy iluminados.

El 106 le permitirá hacer desaparecer a los peatones de una calle al necesitar tiempos de exposición muy largos incluso con luz día.

El 113 es necesario cuando quiera fotografiar el cielo y los movimientos de las estrellas. Si necesita tiempos de exposición muy altos, este es su filtro.

El 120 es imprescindible para fotografiar al sol e incluso cuando haya un eclipse. No detiene totalmente los rayos infrarrojos, por lo que la observación directa no es recomendable.

Filtros degradados o bicolores

Estos filtros se emplean para oscurecer una zona de la fotografía y respetar la luz de la otra. La división entre las mitades oscuras y claras puede ser brusca o gradual, aunque nunca se llega a percibir una línea divisoria entre las dos. Se pueden girar y mezclar entre sí.

Existen filtros degradados en color gris, rojo, naranja, violeta, tabaco, verde y azul.

OTROS ACCESORIOS

El Winder

Aunque frecuentemente confundido con un motor, se trata simplemente de un motor encargado de bobinar y rebobinar la película automáticamente. Permiten sacar entre 1 y 1,5 fotografías por segundo.

El Motor

Es un aparato ya muy especifico y dedicado al uso profesional. Estos motores permiten sacar 4 a 6 fotografías por segundo, y se suelen acoplar a chasis de 250 exposiciones. Algunas cámaras permiten su acoplamiento adicional, pero no ocurre con todas.

Data Back

Se utiliza para imprimir la fecha, hora y mensajes en la misma película.

Intervalómetro

Es un accesorio que, junto con el motor, nos permite fotografiar secuencias en intervalos de tiempo preestablecido. Montamos la cámara en un trípode, activamos y nos vamos pues el aparato se encarga de disparar la cámara según el tiempo que hemos prefijado. Se utiliza mucho en el estudio de fauna salvaje y en las fotos nocturnas.

Control remoto

Como su nombre indica, se utiliza para disparar la cámara remotamente.

Pantallas de enfoque

Hay sistemas que permiten cambiar la pantalla de enfoque, aquella que contiene los microprismas. Suele ser necesaria cuando se usan objetivos poco luminosos que estos microprismas oscurecen aún más dificultando el enfoque. Cambiando la pantalla por una sin microprismas solucionamos este problema.

Visores intercambiables

Hay sistemas que permiten cambiar el visor de la cámara y si usted va a dedicarse profesionalmente a la fotografía debe tener la posibilidad de cambiar el visor. En vez de pentaprisma puede utilizar un visor de cintura el cual tiene la ventaja de permitirnos encuadrar un sujeto sin tener que acercar el ojo al visor.

Visor Acodado

El visor acodado es un accesorio que permite encuadrar una imagen teniendo la vía óptica perpendicular al ojo en cámaras que no permitan cambiar el visor. Esto es muy útil para realizar fotografía macro al ras del piso o cuando no queramos que alguien se percate que le estamos fotografiando.

Segundo Cuerpo

Tener un segundo cuerpo del mismo sistema es un accesorio muy útil cuando nuestra profesión depende de la estabilidad de nuestro equipo. No solamente no permite seguir trabajando aunque se estropee una de las cámaras, sino que podemos tener disponibles siempre dos tipos distintos de carrete.

QUINTA PARTE

LA LIMPIEZA

El primer consejo es obligado: no emplee ningún líquido o material para limpieza que no esté recomendado por el fabricante de la cámara. Ni siquiera le sirven los equipos que se venden para gafas o lentes de contacto. Las cámaras y objetivos poseen en origen una grasa especial que nunca debe eliminarse y que solamente debe ser repuesta por un operario experto.

Las causas más habituales de deterioro de los equipos fotográficos son:

- Exposición al sol o al calor (maletero del coche, playas o armarios)
- Arena.
- Ambientes húmedos.
- Cambios bruscos de temperatura.
- Limpieza con materiales abrasivos (pañuelos de papel o de tela, detergentes, etc.).

No obstante, estas recomendaciones no implican que nadie pueda tocar ni limpiar una cámara fotográfica, pues existen algunos cuidados que el usuario debe realizar periódicamente.

Usted podrá limpiar lo siguiente:

Los cristales externos de sus objetivos.
El cuerpo exterior de la cámara.
La parte interior de la cámara que alberga la película.
El visor.
El flash y el trípode.
Los contactos externos de las pilas.

Solamente deberá limpiar mediante aire procedente de un cepillo o spray de fotógrafo, lo siguiente:

La cortinilla.
El espejo basculante.

No toque nunca, a no ser que un experto le guíe:

El cristal situado encima del espejo.
La grasa de los objetivos.

Como precauciones elementales le recomendamos meter su equipo dentro de una caja de poliestireno expandido (procedente de un microondas, por ejemplo) cuando tenga que llevarla mucho tiempo dentro del maletero de un coche y envolverla en una bolsa de plástico cuando esté en algún lugar húmedo. Si la guarda durante tiempo en un armario de su casa compre unas pequeñas bolsitas de material antihumedad.

Cuando una cámara no se usa debe guardarse junto con los otros elementos del equipo en un lugar apropiado. Si no va a ser usada durante mucho tiempo hay que quitar las baterías, pues si se sale el ácido pueden corroerse los contactos y causar un daño irreparable.

En resumen:

El cuidado del equipo fotográfico:

Los utensilios necesarios para el cuidado del equipo son:

- Pincel de pelo natural
- Perita de goma.
- Franela suave.
- Pañuelo muy usado, pero limpio.

El pincel debe ser muy suave. No conviene usar pelos sintéticos o de cerda ya que corremos el riesgo de rayar el tratado de los objetivos. Para estar seguros, pidamos pinceles de pelo natural en cualquier casa de óptica. Hay pinceles que vienen con peritas "incorporadas", pero no son recomendables porque no logran dirigir el aire de soplido y las partículas de polvo se pueden incrustar aún más.
Una perita de goma se consigue en cualquier farmacia y el mejor pañuelo es el que está usado y bien limpio, pues ya no tiene pelusa. .

El cuidado de los objetivos:

- Guardarlos siempre en lugares secos con sus respectivas tapas. Si no lo hacemos de esta manera corremos el riesgo de que sean atacados por hongos. En casos extremos, los hongos terminan deteriorando los cristales.
- Comprarle a todos un filtro UV o skylight y dejárselo permanentemente. Estos filtros no interfieren en el color (al contrario) y nos salvan de que toquemos descuidadamente los cristales.
- En caso de tocar el cristal, limpiar en seco con un trapo que no deje pelusa o con papel óptico, pero tratemos de evitarlo.
- El polvo lo quitamos con el pincel de pelo natural o un extractor.

El cuidado del cuerpo:

- Antes de abrir el cuerpo, debemos comprobar que no existe carrete en el interior.
- Limpiar con el pincel las guías de la película. Estas se encuentran en el compartimento de la película.
- NUNCA hay que presionar el obturador con un trapo. Si hay que sacarle el polvo, debemos usar el extractor o el pincel muy suavemente.
- Para limpiar la parte externa de la cámara, podemos usar cualquier limpia muebles.

- Tratar de no tocar el espejo. Cualquier roce puede provocar un rayón en el cromado del mismo.
- Es recomendable disparar las cámaras periódicamente para que no se endurezcan los mecanismos.
- Si llegamos a ir a la playa, al regresar de vacaciones debemos llevar la cámara a un taller para que le realicen una limpieza, aunque la cámara funcione perfectamente. Si no lo hacemos, corremos el riesgo de que la arena que se halla infiltrado en las partes mecánicas de la cámara terminen haciendo un desastre.
- Si accidentalmente nuestra cámara cae al mar hay que meterla sin abrir dentro de una bolsa llena de agua y llevarla enseguida al taller. Si no realizamos esto, al secarse la salitre, oxidará todas las partes mecánicas.

El cuidado del Flash:

- Nunca dejar las pilas puestas en periodos de larga inactividad.
- Si tiene baterías recargables (NiCad), cargarlas periódicamente (una hora semanal) aunque no usemos el flash. Esto se debe a que el NiCad debe almacenarse con su máxima tensión para alargar la vida útil.
- Nunca almacene baterías de NiCad vacías. Siempre hay que guardarlas cargadas.
- Si usa flash de zapata, apague el flash antes de sacarlo de la zapata (igual para ponerlo). De

otra manera, corremos el riesgo de quemar los circuitos eléctricos.

SEXTA PARTE

TIPOS DE PELÍCULA ANALÓGICA

Hay dos tipos principales de película en color:

1. La película de transparencias, diapositivas, que pueden montarse en un marco para proyectarse en una pantalla o en una cartulina. También pueden hacerse transparencias partiendo de un negativo, lo que se denomina internegativo. De igual modo, las diapositivas pueden pasarse a papel sin pérdida sensible de calidad.
2. Los negativos que posteriormente se pasarán al papel son la modalidad preferida por los aficionados. La sensibilidad medida en ISO o ASA más habitual es de 100, aunque personalmente recomendaría 200 ASA, pues se gana bastante luminosidad sin que la presencia de grano cambie significativamente.
Para trabajos diferentes, como la fotografía deportiva o en lugares poco iluminados, se emplea habitualmente los 400 ASA, pudiéndose forzar hasta 1000 o incluso 1600. En el extremo opuesto nos encontramos con la sensibilidad 25 ASA, la cual, por su grano más fino y mayor saturación de color, permite gran calidad en la fotografía para retrato.

Cómo conservar las películas por largos periodos:

Todas las películas fotográficas tienen una vida útil limitada. Las películas en blanco y negro resisten normalmente algo más que las películas en color, pero para que conserven sus propiedades inertes debemos seguir las siguientes recomendaciones:

- Guardarla en un lugar fresco y oscuro.
- Una vez expuesta, revelarla inmediatamente.
- Nunca debemos conservar la película en lugares muy calurosos, por ejemplo en la guantera de un auto, ya que el calor acelera el envejecimiento de la misma.
- Para conservarla en casa podemos guardarla en la nevera, dentro de un recipiente hermético que evite que la humedad se deposite en ella. Cuando necesitemos usarla debemos sacarla al menos una hora antes de emplearla, para que asimile la temperatura ambiente. Nunca debe utilizarse sin normalizar la temperatura, ya que se condensará la humedad en la parte externa, tal y como sucede en las botellas de cristal.

Cómo conservar los negativos:

Los negativos fotográficos son elementos muy frágiles y cuanto menos se toquen, mejor.

- Nunca hay que enrollar negativos enteros, ya que corremos el riesgo de que se peguen entre si.
- Para almacenarlos, hay que cortarlos cada 4 o 5 fotogramas.
- Lo más recomendable es realizar copias de contacto de todos los negativos; así evitamos tener que buscar por todo un rollo el fotograma a copiar.
- En cuanto al almacenamiento, es mejor emplear folios portanegativos.
- Nunca se debe exponer los negativos durante largos periodos a la luz del sol, el calor o la humedad.

AJUSTE AUTOMÁTICO DEL CARRETE

No se debe preocupar por el cambio en la sensibilidad de la película pues todas las cámaras poseen un sistema de ajuste en función del carrete, unos automáticos y otras manual. Es el único requisito que usted deberá conocer si desea probar con películas diferentes. El resto de los cambios, como la velocidad de obturación o el diafragma, también se modifican automáticamente, por lo que no tendrá que hacer cambios.

No obstante y cuando usted se convierta ya en un experto, podrá poner una película con una sensibilidad dada y engañar a su cámara para que no se ajuste automáticamente a ello. Esto le permite manejar voluntariamente la luminosidad disponible, además de emplear con mayor precisión la abertura del diafragma.

Del mismo modo y aún cuando se equivoque o desee emplear una sensibilidad específica, cuando lleve a procesar sus carretes al laboratorio solamente deberá indicar que la procese a la sensibilidad que les indique, lo que normalmente se conoce como "forzar" un carrete. Obviamente algunos laboratorios cobran un pequeño suplemento por ello y otros suelen efectuar mediante un escáner las correcciones oportunas.

La mayoría de las películas de 35 mm llevan ahora el código DX, lo que significa que el cassette de la película tiene un código de barras en él. Del mismo modo, casi todas las cámaras nuevas tienen sensores diminutos que leen y codifican automáticamente una serie de parámetros importantes, evitando que usted tenga que ajustar repetidamente su cámara. En el supuesto que desee evitar estos ajustes automáticos, emplee sencillamente una pegatina que obstruya estos diminutos lectores antes de poner el carrete. No se olvide de indicar al laboratorio todas las alteraciones que haya efectuado.

OTROS CARRETES

Hay dos tipos básicos de película en color: una para la luz del día y el flash, y otra para luz de tungsteno (lámparas ordinarias).

Si la película de luz-día se usa en con lámparas de tungsteno, el resultado será un predominio de las tonalidades rojas y naranjas. Si está equilibrada para luz artificial de tungsteno y la emplea con luz-día, sus fotos derivarán claramente a tonalidades azules.

Aunque ambas películas se venden para emplearlas en las condiciones de luz recomendadas, no hay ninguna razón para que no se puedan utilizar con una iluminación diferente para crear un efecto especial e incluso tratar de corregir la dominante de color mediante un filtro adecuado. Usando un filtro que proporcione tonalidades naranjas, podríamos emplear película para luz artificial (tungsteno) a plena luz del día o conseguir con el flash un equilibrio de color normal. Un filtro azulado permite que podamos emplear una película para luz-día en iluminaciones de tungsteno con resultados normales.

Precauciones

La exposición necesita ser más exacta para la película de diapositivas en color que cuando empleamos los negativos, pues la transparencia es el resultado final y no admite correcciones. Con la película en color cualquier error en el negativo puede ser corregido perfectamente, tanto en el revelado como en su pase al papel. Un modo de encontrar gran ayuda y evitar perder muchas horas de trabajo, consiste en el empleo previo de la cámara instantánea Polaroid, cuyos resultados nos permitirán efectuar las correcciones en el momento.

PELÍCULA INFRARROJA

Podría gustarle también experimentar con película infrarroja, pero sepa que en muchos países su empleo está restringido para usos militares y científicos. Pregunte mejor antes de emplearla.
Con ella los resultados son imprevisibles, bastante diferentes en cuanto al color a como habitualmente lo ven nuestros ojos. Por ejemplo, el follaje se vuelve magenta y la piel pálida deriva al verde.

EL BLANCO Y NEGRO

Aplaudido intensamente hace algunos años y menospreciado en la actualidad, la fotografía en blanco y negro supone el mejor modo de aprender ciertamente a manejar la cámara, especialmente en el uso de la luz y las sombras. Indudablemente nosotros vemos el mundo en color y por ello encontramos como razonable que se emplee la fotografía en color, pero cuando manejamos el blanco y negro solamente la calidad de la fotografía puede hacer que sintamos interés por ella.
Ya no tenemos el recurso de mostrar una bella fotografía, con paisajes y colores hermosos, sino que el interés radica solamente en la creatividad artística y la técnica empleada.

Otra razón para el abandono del blanco y negro es que esa película es ahora tan cara de compra y de procesar que la de color, e incluso algunos laboratorios ni siquiera la aceptan. Por supuesto, no existe esa opción de fotos en una hora.

Si decides practicar con blanco y negro debes saber que el margen de error es superior a la de color, además de que no tendrás que preocuparte de la temperatura de color y que por ello podrás emplear cualquier tipo de iluminación.

COPIAS DE CONTACTO

Una manera de ahorrar trabajo y materiales es realizar copias de contacto, pues el resultado es similar a una diapositiva. Esto significa que, por ejemplo, un rollo de 36 exposiciones, cortado en seis tiras cada una de seis negativos, se pueden mostrar en una hoja de 30 x 20 cm. En esta hoja de contactos se seleccionan las que verdaderamente merezcan la pena y se encargan entonces las ampliaciones y correcciones, eligiendo incluso los límites.

Si logra contactar con algún laboratorio que trabaje para profesionales, le puede pedir que la hoja de contactos sea de 40 x 30 cm, 50 x 30 cm, o 60 x 50 cm. También puede encargar que se realicen con o sin brillo.

FILTROS PARA BLANCO Y NEGRO

Aunque usted no necesita usar filtros para equilibrar la luz en este tipo de fotografía, algunos filtros coloreados pueden agregar interés a sus imágenes. Por ejemplo, un filtro amarillo oscurecerá un cielo azul y hará que las nubes destaquen grandemente y un filtro rojo exagerará el cielo.

TEMPERATURA DE COLOR

La luz que cae sobre los objetos es lo que determina el color. La luz del día, por ejemplo, es más cálida, es decir, más roja, que la del amanecer, aunque menos que la del ocaso. El tiempo, el clima, y los fenómenos atmosféricos, también cambia la calidad de la luz del día y por eso en un día nublado nosotros vemos los colores más fríos, con una dominante azul. La luz del sol oculta por las nubes también deriva hacia colores fríos y azulados.
Pero si usted comenta esto con alguien no aficionado a la fotografía se dará cuenta que no es capaz de apreciarlo, pues hay que habituar al ojo a que diferencie todo. De todas maneras, hay que matizar que en realidad no es el ojo lo que establece la diferencia, sino el cerebro. Si nosotros sabemos que un objeto es de color rojo, creeremos que ese mismo color permanece independientemente del clima, las sombras o la iluminación. Pero después de algunos meses de

práctica fotográfica enseguida notaremos las sensibles diferencias en ese mismo color, diferencias tan notables que nos parecerá increíble que otras personas no las perciban.

Debe recordar siempre estos datos:

- La luz del sol del mediodía suele tener unos 5500°K y su película debe estar calibrada para ello.
- La luz del atardecer tiene aproximadamente 3500°K y no le vale por tanto la película anterior.
- La luz de una lámpara doméstica alcanza apenas 2500°K y necesitará habitualmente un filtro azul para aumentar su temperatura de color.
- La luz de un día nevado puede alcanzar los 6000°K, igual que la proporcionada por un buen flash.
- La temperatura de color de las lámparas halógenas no supera casi nunca los 3700°K.

Hay muchos momentos críticos para la fotografía en color, siempre con respecto a la luz, y uno de ellos especialmente conflictivo son las sombras en un día de sol. El problema mayor es que nuestro ojo hace las correcciones inmediatamente, tal es su perfección, por lo que no vemos gran diferencia entre la temperatura del color de la sombra y el sol. Pero como ni la cámara ni la película tienen esta propiedad, es usted quien deberá efectuar las correcciones.

El consejo es que aprenda a manejar cuanto antes los diferentes filtros correctores que existen en el mercado si quiere lograr buenas fotografías en color. No obstante, existen algunas excepciones que aconsejan no corregir la temperatura del color:

- El atardecer. Sus tonos rojizos y naranjas le dan una belleza extraordinaria.
- Una ciudad iluminada por la noche.
- Algo iluminado por una vela.

Deberá corregir habitualmente:

- Los paisajes nevados, con una tendencia hacia el azul desagradable.
- La iluminación de las luces fluorescentes, aunque deberá saber si son "luz de día" o normales.

Puede dejar sin corregir, si desea acentuar las tonalidades:

- La iluminación de las lámparas halógenas de alta intensidad (1000 a 3000 vatios).
- La luz natural del mediodía.
- La luz del flash.

Hay circunstancias especialmente difíciles de corregir:

- Luz artificial con luz natural de fondo.
- La luz de los fluorescentes.
- El anochecer, con el sol aún en el horizonte.

Los cálculos para lograr una buena fotografía en todas estas circunstancias son bastante más sencillos de realizar de lo que parecen y con un poco de experiencia dominará este juego de colores que ahora le parece tan complicado. En el comercio especializado le aconsejarán el filtro adecuado para cada circunstancia, accesorio que no es demasiado caro.

Orientaciones:

- Los filtros azulados aumentan la temperatura del color. Deberá tener al menos dos tonalidades diferentes y se emplean para luz artificial.
- Los filtros naranja o amarillos bajan la temperatura del color y se usan con el flash o en exteriores en sombra.
- Es importante que tenga en cuenta el tipo de película que utiliza. Habitualmente están equilibradas para luz de día, pero no corrigen la luz del flash.

Algunos ejemplos:

1. Usted compra una película para luz artificial equilibrada para 3200°K, pero la iluminación disponible proporciona solamente 2900°K. Puede efectuar la fotografía sin problemas, pero le quedará perfecta si emplea un filtro azul suave.
2. Está trabajando al aire libre, con el sol del mediodía sin nubes, lo que seguramente nos lleva a unos 5500°K. Observe los tonos blancos por si existe alguna dominante azul. Si no es así quizá no necesite filtro alguno. No obstante, hay quien incorpora un filtro amarillo muy tenue.
3. Ahora fotografía a primera hora de la mañana, con lo cual hay cierta dominante azul. Si, además, está nublado es muy posible que los grados Kelvin suban hasta los 10000, lo que obligará a rebajar esta temperatura mediante un filtro rojo. Si no hay sombras, le bastará con uno naranja.

Necesitará un filtro azul entre los 2000 y los 3400°K
Necesitará un filtro rojo entre los 6000 hasta los 10000°K

Existen al menos 10 tipos diferentes de filtros correctores de la temperatura de color

SÉPTIMA PARTE

LA TÉCNICA FOTOGRÁFICA

He aquí resumidos algunos de los problemas más habituales:

Forzar una fotografía

Si una película se expone insuficientemente, por ejemplo si necesitaba una exposición mayor que la otorgada, en el laboratorio se puede "forzar" y darle la luz que necesita, pero sepa que eso siempre es a costa de una pérdida de la calidad. Hay que tratar de realizar buenas fotos desde la cámara, dejando los procesos de laboratorio para mejorar algo que en sí es bueno. Una mala fotografía es difícil que se pueda convertir en algo bueno mediante sistemas de corrección o retoque.

Ampliaciones

Un laboratorio profesional le puede ampliar sus fotografías al tamaño que usted desee. Ya sabemos que una buena foto mejora casi en proporción directa al tamaño que la mostremos y nunca se debe mostrar un portafolio con tamaños inferiores a 20 x 25 cm. Con los profesionales deberá discutir qué zona de la fotografía quiere mostrar, las posibles correcciones y el tamaño final.

Una buena ampliación no debe mostrar pérdida importante de la definición, por eso sería conveniente que no trabajara con sensibilidades superiores a 100 ASA.

La abertura

Tenga en cuenta que si desea la mejor definición, por encima de otra cuestión, deberá elegir casi siempre una abertura del diafragma superior a f/4 y en la medida en que se aproxime a f/22 mejorará aún más. Del mismo modo, las exposiciones largas generan derivaciones del color indeseables, por lo que cuando el objetivo de las fotografías sea para usos comerciales se impone una abertura pequeña y velocidades de obturación lo más altas posibles.
La correlación entre la velocidad y el tamaño de la abertura es directa y con un simple cálculo podrá saber cómo elegir la más idónea. Si, por ejemplo, se necesita una exposición de 1/15 de segundo y una abertura de f/22, las siguientes opciones serían 1/30 de segundo con f/16, y 1/60 de segundo con f/8.

Profundidad de campo

Ya sabemos que la profundidad de campo es la distancia delante y detrás del objeto enfocado. Con un equipo dotado de un objetivo con una abertura del diafragma de f/1.8, por ejemplo, y un objeto a 2 m, apenas saldría nada del fondo y solamente conseguiríamos enfocar el primer plano.

Sin embargo, si cambiamos la abertura a f/16 o f/22 el fondo aparecerá y el primer plano estará perfectamente enfocado.

Lógicamente, la profundidad de campo que proporciona un gran angular es extraordinaria y eso nos permite reducir la abertura del diafragma y la velocidad. Inversamente, el teleobjetivo vuelve a proporcionar cierta dificultad para lograr una óptima profundidad de campo.

Muchos fotógrafos no conceden mucha importancia a este aspecto técnico pero es probablemente la parte más importante en la creación de una fotografía y la que determina con frecuencia la calidad. Si un objeto situado en primer plano no tiene el suficiente interés, será necesario que se vean detalles del fondo que le aumenten de categoría, algo que es habitual cuando efectuamos una fotografía familiar en el marco de un gran monumento antiguo.

Del mismo modo, un fondo vulgar o que no deba aparecer en la foto, se deberá eliminar mediante el simple sistema de dejar la profundidad de campo al mínimo, tratando entonces de que el primer plano contenga todos los ingredientes necesarios para captar el interés.

En resumen, ya sabe que la abertura del diafragma es algo vital para la calidad de la fotografía y no solamente le sirve para controlar la cantidad de luz.

Trabajar con automatismos

Algunas cámaras automáticas tienen un sistema llamado prioridad a la abertura, otras a la velocidad y las más a ambas. Cuando se trata del primer caso la usted ajusta manualmente la abertura del diafragma para controlar la profundidad de campo y la cámara ajusta automáticamente la velocidad del obturador. En este caso debe tener cuidado cuando la abertura sea demasiado pequeña, como f/2,8 o f/4, pues requerirá un velocidad de obturación muy rápida que posiblemente su cámara no posea. En el caso contrario, si elige un diafragma de f/22 obligará a la cámara a que seleccione una velocidad muy baja, lo que posiblemente exija el uso de un trípode.

Enfoque

Cuando se habla de enfoque, se relaciona directamente con la distancia del sujeto al objetivo, pero hay que tener en cuenta un detalle. La distancia que marca el objetivo, ya sea en metros o pies, es la distancia existente entre el sujeto y el plano focal, el lugar en el cual está colocada la película.
Hay dos sistemas principales de enfoque, el manual y el automático, más conocido como autofocus. El sistema manual es el "primitivo" y más utilizado en cámaras profesionales, ya que es el fotógrafo quien tiene total control sobre el enfoque.

El sistema autofocus es el más práctico de ambos, ya que sabiéndolo usar permite obtener el mismo resultado que el sistema manual y con mayor rapidez. De todas maneras, la mayoría de las cámaras AF permiten desconectar el automatismo. Si te gusta fotografiar acciones rápidas (deportes por ejemplo) el sistema AF es imprescindible.
Hay un tercer sistema que es el Free Focus (Foco libre) y se utiliza en cámaras muy económicas y en objetivos especiales.

Velocidad adecuada

Ya hemos explicado que la velocidad mínima a partir de la cual se necesita un trípode, está en relación directa a los milímetros del objetivo empleado. También es importante añadir que por debajo de 1/30 de segundo es casi imposible sostener la cámara con la mano sin que se generen vibraciones. No obstante, en ocasiones le puede servir como emergencia una pared, una mesa o el techo de un automóvil, pero aún así no le recomendamos que emplee menos de 1/15 de segundo.
También es vital que sepa la velocidad del obturador que necesita en cada circunstancia, pues salvo que fotografíe objetos inmóviles, sólidamente anclados al suelo, es raro que se puedan realizar fotografías a menos de 1/60 de segundo, salvo que cuente con el auxilio de un flash.

De un modo genérico, parece probable que con una velocidad de 1/250 de segundo todo salga congelado, salvo casos especiales como el vuelo de un avión, las aspas de un helicóptero, o las alas de un ave. En el caso que desee fotografiar automóviles en movimiento o escenas deportivas, tendrá que aprender a seguir al objeto con su cámara y disparar en el momento idóneo. Este mismo ejemplo es válido para la fotografía de Artes Marciales, pues la fotografía hay que sacarla justo cuando el movimiento alcanza su máxima expresión; la acción se detiene una fracción de segundo que debemos aprovechar.

Casos especialmente complicados y que requieren velocidad en las manos del fotógrafo y reflejos, lo suponen, por ejemplo, el rompimiento por parte de un Cinturón negro de Karate de unas tablas o tejas. La fotografía debe captar justo el momento en que la mano atraviesa el objeto roto, ni antes ni después. ¿Difícil?, sí, pero no imposible.

Flash en exteriores

Para mucha gente parece un contrasentido. ¿Para qué emplear la luz del flash si estamos a pleno sol?. Pero ahora recomendamos emplear el flash en exteriores, especialmente en el retrato. Con ello conseguirá suavizar las sombras e igualar la luz ambiental con aquella que incide en el sujeto.

Pero antes de incorporar el flash en sus fotografías de exteriores deberá conocer la velocidad de sincronismo que posee su cámara, habitualmente entre 60 y 125 de segundo. Por encima de la velocidad que el fabricante recomienda no se puede emplear el flash, puesto que a causa de la diferencia que existe entre el movimiento de la cortinilla, muy lento, y la velocidad del flash, solamente quedará expuesta una parte de la fotografía.

Si usted posee una cámara dotada de cortinilla de una sola hoja o el mecanismo está situado entre la lente y el flash, puede sincronizarse a cualquier velocidad. Ésta es una gran ventaja en situaciones donde el flash tiene que equilibrar la luz del día.

Obturador en B

Muchas cámaras poseen un mecanismo especial de abertura del obturador denominado como B y T. Cuando se elige la opción B la cortinilla permanecerá abierta mientras mantenga la presión sobre el disparador. Si se pone en T, continuará abierta incluso cuando dejamos de apretar el botón, cerrándose solamente cuando lo volvemos a apretar, tal y como ocurre con los interruptores de la luz. Ambas opciones se emplean cuando se requieren largas exposiciones.

EXPOSICIÓN CORRECTA

La mayoría de las cámaras actuales disponen de sistemas para medir la exposición. Personalmente los empleo con frecuencia pues ahorran tiempo y trabajo, proporcionando resultados óptimos.

Sin embargo, en muchas situaciones el sistema no consigue proporcionar buenos resultadosy nos encontramos con frecuencia con importantes desequilibrios en la medición que ocasiona fotos sub o sobreexpuestas.

Esto ocurre especialmente cuando el sistema de medición de la luz está calibrado para el marco entero, tratando de buscar un equilibrio entre las diferentes zonas de luz. Pero si usted está fotografiando a una persona situada delante de una pared blanca, o el cielo ocupa el resto de la foto, seguramente a su cámara le será imposible realizar la medición correcta.

Para corregir este problema y que el usuario no tenga que realizar sus mediciones, las cámaras réflex de calidad media le permiten que previamente se pueda evaluar el modo de medir la luz reflejada. Los tres modos más habituales son:

- Patrón múltiple
- Promedio ponderado al centro
- Punto

La medición por **patrón múltiple** suele ser la más universal y la que proporciona buenos resultados en la mayoría de las situaciones. Básicamente el área de la imagen se divide en segmentos, entre 4 y 10, en los cuales se realizan automáticamente las mediciones de luz, pero siempre teniendo en cuenta el objeto enfocado.

Si el enfoque es al infinito, como ocurre en un paisaje, la medición es global y se establece un promedio medio, lo que proporcionará buenos resultados.

El secreto para emplear este sistema, habitualmente el único que poseen las cámaras económicas, es que usted no engañe al fotómetro. Nunca lo enfoque a un lugar especialmente oscuro o iluminado, pues el promedio que establecerá la cámara se verá influenciado por ello.

Por ejemplo: si está fotografiando una puesta de sol y sitúa al astro rey justo en la zona central del enfoque, la intensidad de la luz es tan alta que alterará el promedio. Simplemente bajando un poco y situando el centro del enfoque algo más bajo, la medición se podrá realizar con más precisión.

La medición por **promedio ponderado al centro** mide la luz de la zona central, aunque la zona de enfoque no coincida con ella. La luz que posea esa zona central es la que medirá el fotómetro de su cámara. Esto le será especialmente útil cuando son varios los objetos o personas que aparecerán como motivo principal en la foto, pues aunque el resto, arriba, abajo, a derecha o izquierda, no salga perfectamente iluminado no importará.

La medición **en un punto**, apenas un 3% del total de la zona que cubre el visor, le ayudará a seleccionar escrupulosamente la zona elegida, lo que resulta imprescindible cuando el contraste de luz es muy grande.

Este sistema se emplea habitualmente en el retrato en primer plano, en la fotografía de flores o animales, o cuando el fondo posee unas características de luz totalmente opuestas al objeto.

Otro sistema habitualmente incorporado en las cámaras es el sistema de **ajuste de exposición**, normalmente un sencillo pulsador que permite aumentar o disminuir la abertura del diafragma de forma manual, solamente para un caso concreto.

Exposición y enfoque controlado

En las cámaras automáticas podemos controlar el sistema de medición a nuestro gusto, simplemente midiendo la luz y el enfoque en el punto elegido y no soltando el disparador. Mientras lo mantengamos ligeramente presionado (poniendo cuidado en no disparar todavía), la medición que hayamos seleccionado nosotros permanecerá.

Por ejemplo: usted quiere que una persona salga perfectamente enfocada e iluminada, pero su entorno modifica continuamente las mediciones automáticas de su cámara. Acérquese entonces a la persona, mida con su cámara la luz que incide en su rostro y sin soltar la presión del disparador aléjese hasta la distancia idónea. Cuando encuadre de nuevo y apriete ya a fondo el disparador, la luz que ha medido será la que prevalezca.

Del mismo modo, usted puede seleccionar una zona de enfoque concreta, una flor entre miles de hojas, y quiere que por encima de todo salga bien enfocada. Centre perfectamente en su visor la flor, apriete ligeramente el disparador y el enfoque automático actuará inmediatamente seleccionando esa distancia. Aunque el resto del entorno se mueva y pudiera falsear la medición, mientras usted mantenga ligeramente apretado su botón nada cambiará. Este sistema le será imprescindible para cuando usted quiera enfocar solamente un objeto que no ocupa el lugar central. Primero lo enfoca, mantiene apretado el disparador, y entonces desplaza el objeto lateralmente, aunque el enfoque sigue estando en el lugar que ocupaba antes.

Es importante que recuerde, no obstante, que este sistema solamente funciona para esa fotografía, pues en la siguiente el automatismo volverá a controlar la situación y si quiere resultados positivos tendrá que efectuar una medición similar.

El Autofocus

En un principio los profesionales no admitieron el sistema de autoenfoque, pues les apartaba de tomar sus propias consideraciones y criterios de calidad. Además, los primeros sistemas funcionaban muy mal cuando había varios objetos delante y no lograban traspasar el cristal, y en ocasiones ni el humo o neblina. Pero los sistemas actuales son tan perfeccionados que casi resultan ya imprescindibles.

La rapidez y precisión con la cual actúan permite al fotógrafo concentrarse en la parte artística y documental, algo que resulta imprescindible en la fotografía periodística. La cámara con autofocus trabaja ahora de manera similar al radar, emitiendo rayos infrarrojos invisibles que llegan en línea recta al objeto. La cámara analiza esta información y actúa sobre el objetivo ajustando la distancia correcta por medio de un motor eléctrico pequeño. Esto lo consigue en décimas de segundo e incluso es capaz de ajustarse cuando el objeto se mueve hacia nosotros, algo impensable hace unos años.

Tenga en cuenta estos detalles:

- La zona de enfoque es siempre central.
- Se activa cuando usted aprieta ligeramente el disparador.
- Nunca sujete su cámara apretando el objetivo por la zona de enfoque.
- Si quiere que el enfoque se realice lateralmente deberá enfocar allí y luego, sin soltar el disparador, mover la cámara.
- Algunas cámaras disponen de un sistema de enfoque global, más amplio, pero seguramente deberá graduarla antes.

Curarse en salud

Otra manera de hacer la exposición correcta es realizar varias pruebas. Por ejemplo, imagínese que el sistema de medición le da una lectura de 1/125 a f/8, pero los contrastes de luz y sombra son muy grandes. Debe entonces realizar al menos tres fotografías, modificando el diafragma o la velocidad arriba y abajo. Seguramente una de ellas habrá quedado perfecta.

Manual o automática

Las cámaras cada vez son más sofisticadas y perfectas y los sistemas de medición automáticos están sumamente perfeccionados. La ventaja de ello es que permiten al fotógrafo concentrarse solamente en el objeto y los detalles, evitando que una instantánea fugaz se pueda perder por estar pendiente de las mediciones. Sin embargo, esto ocasiona frecuentemente una falta de dominio en la técnica por parte del fotógrafo y no pocas fotografías mediocres.

Nuestro consejo es que domine ambos sistemas, manual y automático, y que se concentre especialmente en la faceta artística, buscando siempre el mejor encuadre y oportunidad, pero sin olvidar que un pequeño ajuste manual supone apenas un mínimo esfuerzo. Por ello, prepare sus fotografías técnicamente antes de comenzar a mirar por el objetivo en busca del mejor encuadre. Una vez que haya elegido lo mejor olvídese ya de la técnica y busque la mejor expresión artística.

La cámara universal de 35 mm

Para muchas personas cuyo interés en la fotografía está principalmente dirigido a plasmar la vida de su familia, un 35 mm es ahora un accesorio normal que incluye siempre en su maleta de viaje. Pero a un nivel más exótico, estas cámaras han abierto posibilidades en situaciones que exigen tanta concentración y esfuerzo que no hay tiempo para dedicarlo a nada más. El alpinismo de alta montaña es un ejemplo de esos momentos en los cuales se necesita un disparo rápido y sin complicaciones, lo que produce finalmente una fotografía espectacular que no se puede lograr con otro tipo de cámara.
En la fotografía aérea, por ejemplo, aunque se usa un equipo de formato grande para lograr un mapa muy preciso y nítido, la cámara de 35 mm ha conseguido proporcionar imágenes llamativas. Los gráficos tomados a través de la ventana abierta de una avioneta ruidosa, mientras el viento nos golpea y tenemos que tratar de no perder el equilibrio, nos permite valorar aún más esas instantáneas. Estas pequeñas, manejables, pero completas máquinas de fotos, permiten componer y realizar bellas fotografías sin apenas esfuerzo.

LA COMPOSICIÓN

Existen tres zonas importantes en la composición:

1. El centro de mayor interés que será el asunto central de la fotografía.

2. Posibles distracciones o intrusiones que aparecen en el fondo, lateralmente o incluso en primer plano, que usted podrá conservar o eliminar. Un motivo especialmente hermoso o importante puede quedar oculto si hay algo que impida que la vista se centre en él, como puede ser un árbol, una persona desconocida o un edificio. Evite, especialmente, que encima de las cabezas de las personas aparezcan objetos. Simplemente desplazándose un poco conseguirá eliminar o añadir otros objetos a la fotografía.

3. Refuerce el interés de un objeto añadiendo elementos que le den fuerza. Esto se consigue incorporando al objeto o persona más importante en un fondo que tenga relación directa con aquello que estamos expresando. Por ejemplo: un niño quedará muy bien teniendo como fondo un parque de atracciones, pero muy mal si se trata de una fábrica de muebles.

No tenga miedo de los primeros planos

Los primeros planos son lo mejor que tiene la fotografía de personas o animales, mucho más que mostrar el cuerpo entero. Posiblemente no se puede considerar nadie un buen fotógrafo si no logra dominar estos primeros planos. Con ellos conseguimos reflejar el carácter y las emociones de la persona retratada, además de su aspecto externo o estético.

Es importante que usted pida a su modelo que piense en algo concreto o que realice algún movimiento, pues tiene que tratar de interpretar un papel como si fuera un actor.

Una solución para eliminar fondos no deseados

También puede usarse un primer plano para esconder objetos o escenarios no deseados para esa fotografía. Sin embargo, es importante asegurarse que el primer plano es lo único importante en esa foto, pues ya sabe que no existe otro elemento a tener en cuenta.

Añada varios primeros planos

Parece algo inadecuado, pues serán varios los elementos que llamen la atención, pero es algo que se emplea con frecuencia. La solución para que no resulte angustiosa la imagen en que todos los elementos no estén en la misma línea o perspectiva. Tómese el tiempo necesario para evaluar lo que está delante de la cámara y sitúe cada cosa en un lugar adecuado.

Sugerencia uno:
- La vista hay que lograr llevarla en la dirección que deseamos, de un lugar a otro de la fotografía. Es como un anuncio. Lo principal se ve sin problemas, pero lo menos esencial termina siendo igualmente importante, aunque se vea con posterioridad.

Sugerencia dos:
- Los elementos de más volumen nunca deben situarse en la parte superior, pues el cuadro tiende a "caerse". Póngalos con preferencia en la parte inferior derecha.

Sugerencia tres:
- Los elementos con colores intensos nunca deben estar situados en el centro, pues la vista se dirigirá allí casi como si fuera atraída por un imán. No obstante, esto en publicidad es siempre un buen recurso.

Sugerencia cuatro:
- Procure dirigir la vista desde la zona superior derecha, pasando por la inferior derecha y terminando en la inferior izquierda.

Sugerencia cinco:
- Nunca haga que el modelo mire a la izquierda, o a la derecha, si está situado en ese lado, pues

la vista se encuentra atrapada. Del mismo modo, los objetos en movimiento deben tener espacio para "correr"; no los atrape en un callejón sin salida.

La perspectiva hay que dominarla

Lo ideal es que se aprendiera conjuntamente técnica fotográfica con la pintura y el dibujo, pues así todo sería más fácil. Si usted está fotografiando, por ejemplo, un campo arado con fuertes surcos, la mejor manera para que destaquen es que espere a que el sol esté llegando al ocaso y que usted mismo baje su punto de vista casi a ras del suelo.
Si fotografía un árbol desde la cima de un montículo lo empequeñecerá, lo contrario que ocurre cuando se pone usted cerca de sus raíces.

Importante:
Como norma, procure no hacer pequeño lo grande, aunque al contrario, magnificar lo insignificante, puede resultar muy interesante.

El cielo no siempre hace pequeños los objetos, aún siendo tan grande, pues contribuye no poco a engrandecer lo diminuto. Un niño fotografiado situando el punto de vista justo en sus hombros, con el cielo azul detrás, parecerá importante y hasta majestuoso.
Si quiere establecer claras diferencias intentando resaltar lo grandioso, sitúe uno de los objetos en primer plano, bien enfocado, y coloque detrás algo

mucho mayor. Por ejemplo: usted quiere demostrar los gigantesco que es el Empire State de Nueva York, muévase entonces en busca de un edificio pequeño o un árbol, póngalo centrado y deje que se vea detrás el enorme rascacielos. Nadie podrá dudar que se trata de un edificio enorme, poco habitual.

Sin embargo, cuando se quiere resaltar la importancia de un edificio histórico no resulta recomendable mezclarlo con edificios modernos. Mientras el primero se muestra derruido y acusando seriamente el paso del tiempo, un edifico moderno, tan perfecto y bien diseñado, resaltará las imperfecciones del histórico y no conseguirá destacar sus virtudes.

Los monumentos históricos hay que resaltarlos empleando los elementos naturales, como el sol, la luna o el paisaje, pues así demuestran que son casi tan antiguos como el hombre, lo que le da su valor primordial.

Finalmente, le recuerdo que el mar apenas tiene perspectiva y que es difícil buscar un punto de vista mejor que otro. En estos casos lo que se suele hacer es incorporar otro elemento, natural (una gaviota) o humano, logrando demostrar gracias al punto de referencia incorporado su belleza y grandiosidad.

Uso de la perspectiva en los primeros planos

Parece difícil aceptar que un primer plano pueda tener perspectiva o que se emplee para mejorar la fotografía. Ya sabemos que en el retrato humano la cámara debería estar situada justo a la altura de los ojos del modelo, pero podemos acentuar todo utilizando la luz para crear sombras o resaltar facciones.

No menosprecie el fondo

El fondo de un cuadro puede reforzar la composición global de una imagen hasta tal punto que consiga destacar lo que apenas tiene interés. Como regla general, en los retratos los fondos deberían ser inocuos, sin aportar algo más que luz y color, pues de no ser así desviarían la atención. De buscar un fondo muy concreto produciría un efecto desagradable a la vista y daría una impresión global desordenada; si usted mira esas fotografías que muestran pisos y decoraciones de interiores, sabrá de lo que estoy hablando.

En el supuesto de que el fondo no pueda ser excluido voluntariamente una buena solución es emplear un teleobjetivo pues aunque produce una imagen comprimida logra dar relieve y separar el objeto del fondo.
No obstante, sepa que el fondo puede llegar a ser lo más importante en una fotografía, como ocurre con un día de tormenta, con las nubes negras y los rayos surcando el cielo, mientras que la ciudad quedará empequeñecida.
En el lado opuesto, un lugar tranquilo como un sendero de montaña o un desierto, no admiten nada

en el fondo que pueda distraer la atención. Impida por encima de todo que aparezcan edificios al fondo o postes de la luz.

Tenga en cuenta estos datos sobre el fondo:

1. ¿Está predominando el fondo?
2. ¿Quitará importancia al objeto?
3. Por otro lado, ¿tiene bastante interés para que deseemos conservarlo?
4. ¿Representa el fondo algo relacionado con la persona o el ambiente?
5. ¿Son los colores del fondo armoniosos o extraños?
6. ¿Aparece el cielo en el fondo?
7. Si existen nubes, ¿se puede intentar aumentar los detalles empleando algún filtro (neutro, degradado, polarizador o amarillo)?.

Ahora, tenga en cuenta el punto de vista

Hay muchas situaciones al tomar una fotografía donde una alteración simple del punto de vista puede representar toda una gran diferencia. El punto de vista puede definirse como la posición desde la cual se toma una fotografía, y para elegirlo debemos tener en cuenta el fondo y el primer plano, así como cualquier ángulo interesante que llevará la vista en la dirección que deseemos. Una misma fotografía, efectuada con diferentes puntos de vista, será totalmente diferente.

Frecuentemente vemos a fotógrafos experimentados que tardan más tiempo en escoger el lugar adecuado para disparar sus fotos, que en el resto de la operación. Ellos son conscientes de que un mal sitio podrá estropear toda una jornada de trabajo.

Pero el punto de vista no consiste exclusivamente en buscar el emplazamiento adecuado, pues lo podremos variar simplemente inclinando la cámara hacia abajo o moviéndola ligeramente a un lado. Estos cambios pequeños de posición o ángulo, que pueden parecer insignificantes para el profano, establecen con frecuencia la diferencia entre una buena y una mala fotografía.

No es difícil

He aquí unas reglas:

1. Tiene que conseguir hacer desaparecer aquello que no sea esencial en la fotografía.
2. Debe evitar que el sol produzca reflejos indeseados.
3. Los edificios, generalmente, requieren puntos de vista bajos; las personas a la altura de sus ojos.
4. Los puntos de vista bajos engrandecen, los altos amplían el horizonte.
5. La línea del horizonte procure no situarla nunca justo en el centro del cuadro.

6. En general, la composición que funciona casi siempre es cuando el motivo principal está ligeramente situado a la derecha.

OCTAVA PARTE

LA LUZ

Luz artificial

Las películas que se venden para luz de día, la mayoría de ellas, proporcionan resultados correctos cuando empleamos la luz natural del mediodía (o las horas que le circundan), así como con el empleo de la luz del flash. Ya hemos explicado que cuando utilizamos una película luz de día con una fuente principal de luz artificial, como las bombillas domésticas, el resultado es una dominante anaranjada, frecuentemente desagradable y esporádicamente interesante. Por supuesto, mezclar ambas fuentes de luz casi nunca proporciona buenos resultados, aunque en el cine sea algo frecuente.

TEMPERATURA DE COLOR

La temperatura de color normalmente es medida en grados Kelvin (kelvinio) y debemos tenerlo siempre en cuenta especialmente cuando trabajemos con diapositivas.

Algunas consideraciones:

Si queremos lograr un equilibrio correcto cuando usamos película de luz-día con focos artificiales que proporcionan 3200° Kelvin, necesitaremos corregir con un filtro azul para corregir la dominante anaranjada.

Este tipo de corrección tiene su precio y como inconveniente nos encontramos conque este filtro azul reducirá la cantidad de luz que llega a la película, convirtiendo una sensibilidad 64 ISO (ASA) en una 16 ISO.

Empleando teleobjetivos llega un momento en el cual la cantidad de luz disponible con estas correcciones no es suficiente, por lo que recomendamos emplear una película adecuada, bien sea de luz artificial o de mayor sensibilidad. Los 400 ASA actuales poseen ya una definición y grano similares a las antiguas 100 ASA, por lo que no hay que tener miedo a emplearlas.

Cualquier película expuesta a más de un segundo genera derivaciones del color, por lo que debemos evitar estas exposiciones tan largas cuando trabajamos con filtros correctores. Aunque las cifras no son exactas una película de 100 ASA equilibrada para luz día, con una exposición de 10 segundos, se convierte en una de 25 ASA.

Y también:
- Las diapositivas acusan aún más estos problemas.
- La temperatura de color no afecta en absoluto cuando trabajamos con película en blanco y negro.

- La corrección de la temperatura de color se puede efectuar con mayor precisión en el laboratorio, incluso con las diapositivas y con más facilidad por medio de la informática.

Tenga en cuenta esta tabla:

Tipo de luz   Grados Kelvin

Bombilla 15W........................2300
Bombilla 60W........................2600
Bombilla 100W......................2750
Bombilla 500W......................2800
Lámpara halógena.................3400
Lámpara de carbono..............3900
Luz de la Luna......................4150
Día soleado con polución.......4600
Niebla....................................5100
Sol a 30° sobre el horizonte...5500
Sol a 50° sobre el horizonte...6100
Flash electrónico....................6600
Cielo con nubes.....................7400
Cielo despejado.....................10000

Película para luz día:............... 5500 a 6100 K
Película luz artificial:............... 3200 a 3500 K

Luz mixta

Ya hemos indicado que las mezclas de luces son siempre problemáticas y esto ocurre cuando trabajamos en interiores, en los cuales se filtra luz exterior a través de las ventanas, algo sumamente habitual en las iglesias y edificios oficiales. En estos lugares no disponemos del recurso fácil de cerrar las contraventanas o persianas, como ocurre en los hogares.

El problema se agudiza cuando nos encontramos con luz fluorescente, luz con lámparas de tungsteno y la que procede de nuestro flash. Los expertos han encontrado la solución idónea empleando varios flash adecuadamente distribuidos por el lugar y que se activan simultáneamente mediante una célula fotoeléctrica. Bueno, supongamos que su disponibilidad no es tan grande y por eso he aquí nuestras opciones:

1. Deje que la luz de las ventanas ilumine el ambiente y concéntrese en el tipo de luz artificial. Un filtro azul muy tenue conseguirá anular parcialmente las tonalidades más naranjas y la luz exterior ni siquiera se percibirá azulada.
2. Aproveche la luz artificial y trate de emplear el flash en aquellas zonas en donde las tonalidades naranjas son más intensas.
3. Si no puede corregir nada y el uso del flash está prohibido, no se desanime. Evite en lo posible las zonas más conflictivas y deje que en sus fotografías aparezca esa dominante extraña de colores; posiblemente el resultado final sea entrañable.

A veces con dos fuentes ligeras diferentes, como luz de tungsteno y luz de día o fluorescente, la única solución práctica puede ser buscar aquella que tenga más preponderancia en el lugar. Un método bastante empleado cuando se trabaja en lugares iluminados por luz de tungsteno y por ventanas que dejan entrar luz de día, es poner luz artificial encima de las ventanas para intentar convertir la luz del día a la misma tonalidad que la luz de tungsteno.

En situaciones ligeras mixtas que combinan la luz día con tungsteno, el calor moderado de la luz del tungsteno puede aportar un tono maduro que interesa conservar. Si la situación implica combinar luz de día, tungsteno y flash, el truco que se emplea es aprovechar la luz que entra por las ventanas. Por ejemplo, puede necesitar un diafragma de f/16 y en ese caso, ajuste el flash para ese mismo diafragma.

Luz fluorescente

Si puede, evite sacar fotografías en donde exista una fuerte intensidad de luz fluorescente. Esto se debe a que existen muchos tipos diferentes de tubos de luz fluorescentes que proporcionan desde luz blanca a verde. Si puede, cámbielos siempre a luz día y no trate de diferenciar a ojo los colores que proporcionan cada uno.

CUANDO NO TENEMOS SUFICIENTE LUZ

La insuficiencia de luz, debida al momento del día o por el lugar de trabajo, no significa que no pueda conseguir buenas fotografías. A veces incluso es posible obtener escenas más dramáticas con luz baja que a pleno sol.
Si el tiempo lo permite, conseguirá grandes fotos cuando exista tormenta o haya muchas nubes en el cielo. Si el sol está bajo, al principio o fin del día, por ejemplo, los colores de la luz serán más intensos, y conseguirá dar mayor importancia al cielo y nubes. Incluso dentro, la luz que se filtra a través de una ventana es a menudo absolutamente adecuada para fotografiar un objeto sin usar flash.

Un trípode es un recurso empleado en aquellas condiciones donde las bajas velocidades de obturación lo exigen. Una alternativa es usar una película rápida, aunque los resultados posiblemente no gusten por el aumento del grano. Este granulado puede ser empleado, no obstante, como un efecto creativo pero también pudiera parecer que la imagen final no se reveló adecuadamente.
En lugar de usar película rápida, la película ordinaria puede ser tratada en el laboratorio y ya sabemos que una 100 ISO, por ejemplo, puede ser empleada poniendo el dial de velocidad en la cámara como si se tratase de una 200 o 400 ISO. Recuerde, sin embargo, que debe advertir al

laboratorio de este detalle para que puedan "forzar" el revelado. La desventaja de este método es que la película entera tiene que ser forzada al mismo ISO y cualquier aumento en este sentido ocasiona la pérdida de detalles en la zona de sombra, un aumento en el contraste y una textura con más grano.

USO DEL FLASH

El flash es desde hace años una herramienta incorporada en la mayoría de las cámaras, lo que supone un alivio para muchos aficionados que no gustan de llevar un voluminoso equipo. No obstante, la mayoría de las cámaras réflex de calidad no lo incorporan y en su lugar proporcionan opciones para conectarlo. Básicamente, ningún fotógrafo profesional trabaja con estas cámaras de todo uso y prefieren incorporar sus unidades de flash de manera externa.

El flash incorporado

Pero usted debe elegir su propia opción y sepa que el flash incorporado en origen puede suponer una ventaja, aunque también un problema. He aquí, algunos de sus inconvenientes:

- La potencia es siempre más débil que la mayoría de las unidades accesorias, siendo claramente insuficiente en distancias superiores a 3 m.

- Las prestaciones suelen ser constantes y no existe la posibilidad de ajustarlas a nuestras necesidades. Esto ocasiona que los objetos situados muy cerca posiblemente acusen un exceso de luz.
- Suelen ocasionar el problema "ojo rojo", defecto que se origina cuando se dispara un flash frontal a una persona que mira el objetivo. La luz del flash rebota parcialmente en la pupila, normalmente muy dilatada, y el resultado son unos ojos bañados en rojo.

  Este defecto se corrige disparando el flash antes de que se abra la cortinilla de la cámara, lo que provoca la reducción inmediata del tamaño de la pupila, e inmediatamente disparar ya la fotografía definitiva. Las unidades incluidas en las cámaras necesitan un tiempo de carga que no puede ser absorbido tan rápidamente dada su poca capacidad en el condensador. No obstante, hay ya varios modelos que disponen de un minúsculo flash adicional para estos casos y que apenas consume energía.
- Otro inconveniente es la luz frontal, inadecuada en el retrato por aplastar los relieves de la cara, y que genera luces intensas en zonas con algo de grasa, como la frente y la nariz.

Unidades separadas

Estas son sus ventajas:

- La primera ventaja, y no la única, es la gran potencia disponible, pudiendo estar alimentadas incluso por baterías de gran capacidad. Estas baterías, además, al ser independientes de las que posee la cámara, no alteran su funcionamiento.
- Se pueden sujetar tanto en la zapata central, algo más elevadas por tanto que cuando se incorporan en origen, o lateralmente. Si se emplean aprovechando la zapata central posiblemente se puedan aprovechar todos los contactos allí disponibles, lo que permite utilizar una serie de parámetros previamente calculados por el fabricante. Si se ponen lateralmente proporcionan una luz que no incide ya directamente en el objeto, lo que permite un mejor efecto en el retrato.
- Las cabezas de estas unidades suelen ser basculantes hasta en 360°, lo que permite rebotar la luz en el techo o panales reflectantes.
- Suelen estar dotadas de un pequeño zoom que las hace muy adecuadas para cualquier tipo de objetivo, aunque no es frecuente que se puedan emplear con más de 100 mm.
- Permiten incorporar toda clase de filtros.
- Se pueden emplear con cables de extensión o a varios metros de distancia mediante una célula fotoeléctrica.

Útil tanto en exteriores como en interiores

En exteriores, aunque ahora hablamos ya para distancias no superiores a cinco metros, la luz adicional del flash permite suavizar sombras y hacer resaltar los objetos y los primeros planos en relación con el fondo. A no ser que efectuemos un retrato en exteriores a la sombra, la luz del sol siempre ocasiona no pocos problemas que pueden ser suavizados con el empleo del flash. Un leve destello logrará eliminar las sombras que se generan debajo de los ojos, nariz y barbilla.

Otro método de empleo es mediante la difusión de su luz empleando un filtro adecuado. Una sencilla tela blanca o un pañuelo, puesto delante de la cabeza del flash, dejará pasar apenas un 20% de la intensidad de luz, lo suficiente para crear una atmósfera más suave en el sujeto.

CUANDO LAS COSAS SALEN MAL

Incluso cuando usted piensa que ha tenido especial cuidado con sus fotografías, las cosas pueden salir mal. A menudo estos errores están causados por un lapso momentáneo de concentración, pero en otros casos la causa suele estar en un funcionamiento defectuoso de la cámara o un accesorio.

No hay que desmoralizarse por encontrar faltas en las fotografías, pues la mayoría de los problemas casi siempre son fáciles de resolver.

He aquí algunos de los fallos más habituales:

1. Probablemente el fallo más común es encontrarnos con una niebla en la fotografía. Esto ocurre cuando la cámara se abre involuntariamente antes de que la película se haya rebobinado totalmente, o porque la luz entra parcialmente en la cámara. Si es así, lleve cuanto antes su cámara a un reparador.
2. Si la película está totalmente sin imprimir cuando se la entregan, probablemente la causa es que no han pasado los fotogramas. Cuando usted carga la cámara, verifique siempre que están pasando los fotogramas. No obstante, en las cámaras dotadas con motor interno usted nunca podrá estar seguro de ello, pues puede oír el motor y sin embargo estar resbalando la película en el rodillo de enganche.
3. También puede encontrar varias o todas las fotografías blancas, aunque con señales grises, si la exposición no ha sido realizada correctamente. Esto puede ocurrir por emplear un velocidad muy alta o un diafragma excesivamente abierto o por emplear una película sin ajustar previamente la sensibilidad. Si usted considera que todo estuvo correcto, solamente le queda la posibilidad de que su cámara u objetivo estén defectuosos. Como última opción tenemos al laboratorio que ha procesado el carrete, pero no es habitual que se equivoquen.

4. Las fotografías rayadas o manchadas normalmente lo son por una mala manipulación en el revelado o por defectos en la cámara. Si están movidas no culpe a nadie, pues el error es exclusivamente suyo.

NOVENA PARTE

QUINTA PARTE

EMPIEZA LA TEMPORADA DE TRABAJO

Es habitual que los aficionados solamente se dediquen a la fotografía en los meses de primavera y verano, por lo que nos encontramos con una cámara que ha permanecido mucho tiempo inactiva. ¿Cuánto tiempo han estado las baterías en la cámara? ¿Necesitan ser reemplazadas?. Si va a salir al extranjero asegúrese de que su equipo puede funcionar con pilas estándar y si son recargables no se olvide del cargador.

No es necesario que se lleve siempre toda su bolsa de accesorios y habitualmente le bastará con dos objetivos, uno de ellos un zoom, que le cubran la mayoría de las longitudes focales requeridas y le ahorrarán peso y espacio en sus maletas. Si tiene que pasar aduana le será imprescindible llevar las facturas de compra si el equipo es muy nuevo.

Intente comprar toda la película que va a necesitar a su proveedor antes de salir. La película tendrá una prolongada caducidad y probablemente será más barata. En algunos países no es fácil encontrar buenas marcas y es frecuente que el vendedor las tenga expuestas en el escaparate, con el sol calentando los carretes durante todo el día. Si usted se preocupa por atravesar los rayos X de los aeropuertos pida unas bolsas de protección a su proveedor.

Piense en llevarse uno o dos filtros; uno rosa que le ayudará a agregar un poco de calor a los cuadros, mientras que un filtro polarizador reforzará la calidad del cielo y mar, al mismo tiempo que elimina reflejos indeseados. Un filtro de densidad neutro graduado ayudará a mantener el equilibrio en aquellas áreas del cuadro que requieren exposiciones diferentes, por ejemplo un cielo luminoso sobre un paisaje oscuro.

Un flash siempre le será útil en casos donde la luz es baja, así como para suavizar las sombras en exteriores. Como con la cámara, asegúrese que las baterías están en buen estado y llévese unas de repuesto.

Un reflector portátil pequeño le ayudará en los retratos, pero escoja uno que se pueda plegar.

Si el trípode es demasiado voluminoso, considere un monopie, pero quizá también sea muy aparatoso.

Deje bien limpias las lentes o no se olvide el cepillo soplador, pues seguramente se encontrará con lugares arenosos o polvorientos. Envuelva la cámara en una bolsa de plástico para protegerla del polvo o las partículas de arena, así como contra los efectos del ambiente y las condiciones climáticas extremas.

FOTOGRAFÍA DE ACCIÓN

Para estas técnicas, junto con el reportaje periodístico, es donde las cámaras de 35 mm no tienen rival. En la fotografía de acción debemos incluir todas aquellas circunstancias que obliguen a pensar poco y trabajar rápido, como los deportes, noticias y fotografía de la fauna. En todos ellos, la parte técnica no es lo más importante y el fotógrafo deberá poseer conocimientos sobre el tema, rapidez de reflejos y capacidad de síntesis. Nada que ver, por tanto, con la fotografía de estudio.

Hay varios maneras de trabajar con este tipo de fotografía, pero antes debemos aclarar que no todo consiste en lograr congelar la imagen, justo en el momento preciso, pues con frecuencia una fotografía borrosa supone la mejor instantánea. No obstante, un requisito básico es que el equipo debe permitirle generar una imagen bien definida en cualquier circunstancia.

Las dos cosas que obligan a emplear una cámara de 35 mm son: primero, es muy fácil de manejar y por ello se reduce al mínimo el tiempo disponible entre decidir disparar y confeccionar la parte técnica. Segundo, se puede utilizar una velocidad de obturación más alta, en parte porque su sistema se lo permite, y en parte porque las lentes más luminosas permiten usar estas velocidades altas.

No obstante no se engañe, pues ni el mejor equipo del mundo le podrá proporcionar esa facultad que no se adquiere practicando en el cuarto oscuro o disponiendo de un estudio. Los deportistas lo llaman "timing", aunque podríamos ampliarlo como "disparar en el momento justo" y esto involucra décimas de segundo. Todo evento rápido, como el golpe de un golfista, el gol que pasa justo entre las manos del portero, la llegada a la meta cuando aún la cuerda no ha caído al suelo, o la patada de un artista marcial justo cuando alcanza su máxima potencia y expresión, contiene ciertos momentos que solamente pueden ser detenidos mediante las habilidades del fotógrafo.

En todos ellos, la habilidad consiste en capturar la cresta del movimiento, lo que implica una reacción rápida que puede ser mejorada por la práctica, mientras que la anticipación puede aprenderse a través de la familiarización con el deporte elegido.

Unos consejos:

1. Observe durante unos minutos el evento a retratar.
2. Averigüe dónde se concentran los momentos de mayor intensidad e importancia.
3. Procure ver aquellos movimientos que habitualmente se escapan de la visión por su rapidez.

4. Elija ya lo que deberá plasmar en sus fotografías.
5. Siga el movimiento con el visor varias veces y simule el disparo.
6. Sepa que durante una fracción de segundo, justo en el momento álgido, todo desaparecerá de su vista.
7. Comience a apretar el disparador una décima de segundo antes de que llegue el momento cumbre.
8. Sujete bien la cámara en ese momento.
9. No confíe en que su cámara dispone de un motor rápido que le permite sacar hasta cuatro fotos al segundo. Algunos fotógrafos poco hábiles creen que de este modo, al menos una instantánea será perfecta. Si lo hace solamente conseguirá un montón de fotografías sin interés.

Congelar el movimiento

El movimiento congelado depende de la velocidad del obturador, pero sepa que todo movimiento tiene un momento de pausa, antes de retroceder o detenerse, por lo que incluso con velocidades de 125 de segundo lo podrá detener. Si un automóvil, manejado a 48 kph, aparece en el visor de la cámara y pretende detenerlo cuando lo cruce, posiblemente necesitará 1/2000 de segundo para congelar el movimiento. Sin embargo, si usted le sigue con el visor durante unos segundos le bastará con una velocidad mucho más lenta.

Del mismo modo y esto es muy importante que lo recuerde, si la imagen del automóvil es pequeña, bien sea porque usted se aleje lo suficiente o emplee un gran angular, entonces una velocidad no superior a 1/500 de segundo será suficiente. Igualmente, si el objeto viene diagonalmente hacia la cámara, la velocidad podrá ser más lenta.

En la fotografía de acción usted deberá decidir con rapidez si quiere una imagen congelada o con sensación de movimiento, y en esto no podemos ayudarle a elegir pues ambas opciones tienen sus detractores y admiradores. La impresión de velocidad es buena, parece imprescindible, pero si no logramos captar ese momento álgido con nitidez es posible que la fotografía carezca de valor. Posiblemente tenga calidad artística, pero como fotografía documental no sirve.

Usted también pensará que lo esencial es que el objeto nunca desaparezca de su visor y que todo consiste en seguirlo hasta que pueda efectuar el disparo, pero no siempre es así. En muchas ocasiones tendrá que mirar al objeto en su punto de partida, por ejemplo un arquero a punto de disparar, pero tener realizado el enfoque en el punto de contacto, en este caso la diana. Con el ojo izquierdo bien abierto mire al deportista, mientras que con el derecho el centro de la diana. Cuando vea que ha soltado la flecha, deberá apretar el disparador velozmente para que la abertura se realice justo cuando la flecha impacte vibrante en la diana.

Este sistema de trabajar con los dos ojos bien abiertos lo tendrá que emplear en numerosas ocasiones, pues con frecuencia necesitará saber lo que ocurre a su alrededor, tanto como la situación del objeto a retratar.

Ya se habrá dado cuenta que escoger una u otra velocidad de obturación no es lo más importante en la fotografía de acción e incluso frecuentemente le será conveniente poner una muy corta, 1/60 de segundo, si quiere que el fondo salga borroso. Una raya manchada, sin definir, que se extiende detrás del sujeto, proporciona énfasis a la dirección y sentido del movimiento, aunque este mismo efecto puede ser logrado manchando incluso el objeto. Ya sabe, si quiere dar impresión de velocidad trabaje habitualmente con 1/125 de segundo o incluso 1/60.

No debe olvidar que dependiendo del peso del objetivo, no siempre puede ser posible disparar sin apoyo y para los teleobjetivos usados en los eventos deportivos, frecuentemente entre 400 y 600 mm, un monopie resulta imprescindible e incluso un trípode que se pueda girar velozmente. Cuando mantenga una posición fija de su cámara puede emplear una abertura del diafragma grande, así podrá disponer de más opciones en la velocidad de obturación.

EL RETRATO

El retrato siempre ha sido uno de los pilares fundamentales de la fotografía, pues nuestra fascinación por la cara humana es tan antigua como el Hombre. Indudablemente hay una gran diferencia entre los retratos de hace 50 años a los actuales, del mismo modo que la hay entre el retrato de estudio, tan sofisticado y retocado, al que nace de la instantánea.

La técnica del retrato es casi una industria en sí misma y por ello resulta difícil decidir qué es lo correcto o lo incorrecto. Hay tantos estilos diferentes de retrato que no hay manera de imponer una regla rígida que pueda orientar al novato. Bueno, esto parece perfecto, puesto que así se puede dar rienda suelta a la personalidad del fotógrafo, pero indudablemente hay ciertas cosas que hay que saber, por ejemplo:

- No malgaste fotografías; piénselas.
- Deje que sea la modelo quien encuentre su posición y expresión adecuada. Usted debe estar atento para obtenerla en el momento preciso.
- En el retrato el teleobjetivo es casi imprescindible. Habitualmente se trabaja entre un 135 y un 200 mm.
- Recuerde que el fondo no suele ser importante, salvo para aportar relieve o colorido. Procure desenfocarlo.

- La sensibilidad de la película recomendada es entre 50 y 200 ASA, aunque cada fotógrafo suele tener sus propias preferencias. Si trabaja con una sensibilidad muy baja, por ejemplo 50 ASA, la definición será extraordinaria, pero tiene dos inconvenientes: a) necesitará una fuente de luz muy alta, y b) la excesiva definición resaltará demasiado las imperfecciones del rostro y eso en mujeres bellas es imperdonable.
- Si trabaja en exteriores no le hará falta el trípode y en ocasiones le supondrá un engorro. En interiores, por el contrario, es casi imprescindible para poder trabajar con velocidades pequeñas.
- La cámara, sitúela con preferencia a la altura de los ojos de la modelo, aunque no descarte otras posiciones más audaces.
- Si trabaja con focales cortas, 50 u 80 mm, tenga especial cuidado con la perspectiva. Si la nariz o las rodillas están frontalmente al objetivo distorsionarán la imagen.
- Un filtro niebla suave elimina las imperfecciones del rostro femenino mejor que cualquier maquillaje.

La ropa

Tanto si la ropa que lleve pertenece al modelo o se la tenemos que suministrar, las precauciones serán básicamente las mismas. Estas son algunas precauciones que tenemos que tener en cuenta:

- Lo mejor es que no la lleve puesta desde su casa y que se cambie en el lugar del reportaje.
- Las arrugas de la ropa arruinan cualquier buena fotografía, por lo que es esencial que permanezca siempre en pie, evitando apoyarse en las paredes o sillas.
- Una plancha en el lugar elegido es tan necesaria como la misma ropa.
- Es esencial que la ropa, especialmente en la mujer, no deje al descubierto zonas de piel que delaten partes más bronceadas que otras. Ojo, pues, con los escotes y la lencería.
- Será mejor que no lleven ropa interior, mucho menos fajas o sujetadores con aros, que se puedan notar por la fuerte intensidad de los focos. Si es necesario algún refuerzo interno para acentuar la belleza hay que evitar que se pueda percibir.
- Cuando se trate de trajes de baño es importante que el modelo permanezca con él puesto al menos media hora antes. Con ello desaparecen las marcas que dejan los otras prendas, especialmente los pantalones.
- Para que la piel permanezca tersa pero sin el efecto "piel de gallina", la temperatura debe ser confortable. Ni tanto que haga sudar (los focos ya aumentan demasiado la temperatura) y que deje la piel plácida, ni tan fría que obligue a estar continuamente en movimiento.
- Por supuesto, el sudor es algo seriamente a evitar, especialmente en las axilas. Por eso las

camisas se deben poner ya en el último momento. Si tiene que ducharse, que lo haga al menos una hora antes de la sesión de fotos para que la piel recupere su tersura normal.
- Posiblemente tenga que rellenar algunas partes de su cuerpo con papel de seda para ajustar la ropa o acentuar las formas corporales.
- El maquillaje se pone justo en el mismo momento de comenzar, evitando manchar la ropa.
- Los zapatos siempre son un problema. Con preferencia deben ser totalmente nuevos. Los pies deben estar totalmente fríos si hay que mostrarlos en la fotografía. Un poco de hielo unos minutos antes hacen ese milagro.
- Las piernas desnudas pueden mostrar varices. Un buen maquillaje se hará imprescindible.
- Para lograr unas manos bellas hay que mantenerlas en alto hasta el momento de la foto. Así evitará que estén congestionadas por la sangre.
- No deje que el modelo ponga la mirada perdida. Sus ojos deben enfocar a un punto determinado y expresar algún sentimiento. Un espejo delante ayuda mucho a ejercer de actor fotográfico.
- Si vas a posar, no existe una forma ideal ni de mirar, ni de poner los labios, ni de estar en pie o sentado. Debes buscar TU propia forma; no trates de imitar a nadie.

Los matices de expresión en una cara dependen en gran medida de ciertos detalles, como las líneas sutiles y oscuras que dibujan los pequeños movimientos de la boca y ojos. Si empleamos una cámara de gran formato, el negativo capturará estos detalles con toda claridad, lo que no siempre puede ser necesario ni conveniente, salvo que el resultado final vaya a ser empleado para grandes carteles.

En una sesión de retrato, el fotógrafo intenta a menudo halagar una expresión particular o actitud de la persona, lo que supone siempre un motivo para trabajar ambos más relajados. Usted debe saber, casi desde los primeros minutos, cuál es la faceta más interesante y la expresión corporal que corresponde a la personalidad del modelo, aunque en este asunto suele haber grandes sorpresas. No siempre la persona más bella proporciona las mejores fotografías, del mismo modo que sabemos que con un poco de habilidad cualquier persona puede mostrarse encantadora.

Ponga especial cuidado al movimiento de pestañeo de los ojos, pues puede arruinar todo un esmerado y prolongado trabajo. Avise siempre a su modelo cuándo va a efectuar el disparo, para evitar que aparezca con los ojos semicerrados. Abiertos están bien y cerrados posiblemente, pero entreabiertos es siempre horrible.

Recuerde una regla de oro: la cara humana agradece siempre una perspectiva cuadrada, a la altura de los ojos.

TRABAJOS PROFESIONALES

Los métodos de reproducción modernos, como el escáner de alta resolución, junto con los programas de retoque, han cambiado sustancialmente los resultados fotográficos, y ya se consigue lograr grandes ampliaciones con las versátiles cámaras de 35 mm. No obstante, no podemos olvidar que las cámaras de formato medio y grande utilizan un negativo igualmente mayor, por lo que siguen siendo las preferidas en el trabajo comercial de moda y belleza.

Mucha de la fotografía publicitaria debe ser elaborada siguiendo un plan establecido que ya ha sido decidido por el cliente. A veces incluso el esquema ya ha sido empleado con anterioridad con éxito y el fotógrafo apenas podrá aportar sus propias ideas. Esta planificación puede decidir todo el proceso, como ocurre cuando una fotografía debe ocupar la portada de una revista, en la cual el logotipo ocultará parte del retrato, detalle que deberemos tener en cuenta dejando un espacio vacío encima o admitiendo que el pelo será tapado por las letras. Por eso los trabajos fotográficos de publicidad están tan bien pagados, pues requieren conocimiento del medio, habilidad, paciencia y talento artístico.

Nuestro consejo es que si trabaja en estos medios deje una cantidad razonable de espacio en su retrato, pues le será más fácil cortar la fotografía que retocar para añadir un fondo.

Por ese motivo la mayoría de los fotógrafos profesionales trabajan con una cámara Polaroid y otra normal.

ARQUITECTURA

Si usted enfoca a una distancia media la imagen será más definida detrás del objeto, hacia el horizonte, que en la distancia que existe hacia la cámara.
El modo en que la posición del objetivo y la película afectan al enfoque están gobernados por algo llamado el principio de Scheimpflug. Este principio nos dice que si hacemos converger el objetivo y la película en el mismo plano, la imagen resultante será perfecta. En general, los teleobjetivos tienen mayor problema para fijar la imagen en la película, al menos con respecto al gran angular, por lo que para conservar una buena definición con ellos nos vemos obligados a cerrar el diafragma.
Este problema de enfoque tiene nuevos inconvenientes pues cuando miramos con el teleobjetivo arriba y debajo de un objeto, tanto si es grande como pequeño, el enfoque cambia sensiblemente y hay un momento en el cual es imposible mantener todo el objeto bien definido.
No obstante, y he aquí lo curioso de este aspecto físico, es que si variamos la posición del objetivo con respecto al plano de la película el inconveniente se hace ventaja, pues podemos enfocar líneas verticales sin que converjan arriba.

Los edificios, como la mayoría de los paisajes, son objetos que también acusan la posición desde la cual situamos la cámara, pues no siempre es posible enfocar con precisión todo su volumen. Además, presentan el problema técnico específico de la convergencia de sus líneas verticales y aunque este punto pueda corregirse, el problema normalmente necesita algún tratamiento especial.

El punto de vista habitual nuestro para la mayoría de los edificios está al nivel de tierra, y así es como los buscamos y valoramos. Ya sabemos que el efecto de perspectiva mediante el cual las líneas verticales parecen converger en la cima es algo al que estamos habituados y nuestro cerebro no trata de alterar la información que recibe de los ojos. Sin embargo, si al realizar el encuadre situamos una de las líneas verticales en un lado del cuadro, la imagen parece desequilibrarse.

Hay varias maneras de evitar este problema, como puede ser incluir detalles en primer plano o emplear un objetivo gran angular que aumente más la convergencia, como buscando deliberadamente exagerar esa característica. Sin embargo, la solución más lógica para muchos fotógrafos es asegurarse que las verticales permanezcan verticales y que sea tan ancho por arriba como por abajo. Como oposición a estas correcciones mucha gente opina que si el ojo humano ve los edificios en perspectiva, no hay razón práctica para que las fotografías alteren esta visión natural.

La convergencia solamente puede evitarse manteniendo el marco de la película paralelo a las líneas verticales del edificio. En otras palabras, el marco no debería inclinarse, aunque esto significaría que la cima del edificio no saldría en el cuadro, salvo que nos alejáramos mucho.

No obstante, el cambio vertical no es un problema para casi nadie, salvo para los profesionales de la arquitectura, en donde la fidelidad forma parte de sus cálculos y publicidad. No obstante, este tipo de fotografía no es tan fiel ni tan nítida como la que se puede sacar con un objetivo normal, sin corregir, y con frecuencia vemos ligeras distorsiones.

La fotografía arquitectónica interior, agrega aún más problemas, pues allí no disponemos de mucho espacio para incluir todo en el cuadro y no siempre corregir la perspectiva en interesante. La grandiosidad de una catedral se puede perder si intentamos conservar todas las líneas bien verticales, del mismo modo que perderá todo su valor si pretendemos efectuar correcciones a la temperatura de color.

Dentro de los edificios antiguos no deberíamos emplear más luz que la habitualmente existente, aunque nada impide que podamos trabajar de día, cuando los rayos del sol se filtran por las ventanas. En los edificios modernos, oficinas u organismos oficiales, lo ideal es cuanta más luz mejor, pues así damos imagen de movimiento y vivacidad.

Tenga en cuenta que la profundidad de campo es siempre un problema en la fotografía de edificios, pues a la baja cantidad de luz hay que añadir los adecuados filtros que equilibren la temperatura de color, lo que nos obliga a emplear aberturas de diafragma muy altas, incompatibles con un enfoque generalizado. Para que no se desmoralice, le mencionaré que este tipo de fotografía es más difícil de realizar que el retrato y que solamente gente muy experta es capaz de realizarla con eficacia. Los demás, nos conformamos con hacerlo lo mejor posible.

Si lo intenta no se olvide la ley de reciprocidad de la película que le alterará el color final en las exposiciones largas, al mismo tiempo que la presencia de personas será delatada en forma de manchas o barridos de color. Si hay un momento en el día o la semana en el cual no existan personas en ese edificio, aproveche para sacar sus fotos.

PAISAJES

La fotografía de modas siempre está sujeta a cambios, por lo que obliga a mejorar frecuentemente el equipo de trabajo y parece ser que este mismo problema surge con la fotografía del paisaje. Durante los primeros años de la fotografía las largas exposiciones requerían llevar siempre un voluminoso equipo pues frecuentemente era tan difícil disponer de suficiente luz, como realizar un encuadre satisfactorio.

Los retratos, que en un principio parecían estar excluidos del uso popular, pronto se convirtieron en la materia preferida para los aficionados. Después, esta popularización se hizo extensiva a otros temas, justo cuando las cámaras se hicieron portátiles, de pequeño tamaño y hasta capaces de congelar cualquier imagen sin la ayuda de pesados trípodes
Al finalizar la guerra la enorme popularidad que alcanzó la cámara de 35 mm y la salida al mercado del sistema réflex, ocasionó un interés masivo por la naturaleza y pronto el paisaje fue otro de los temas preferidos del aficionado poco experto. Las imágenes con alta calidad y contraste, que en un principio eran inviables para las 35 mm y patrimonio de las cámaras de gran formato, dio paso a una nueva diferenciación pues se dejaba unas para uso masivo, mientras que otras se reservaban para los estudios fotográficos profesionales.

Pero a pesar de los continuos avances técnicos, las cámaras de mediano y gran formato siguen necesitando muchos más preparativos técnicos que las versátiles de 35 mm. Uno de los factores más delicados es la gran sensibilidad al viento, circunstancia climatológica frecuente en exteriores, algo de lo que están exentas las máquinas pequeñas que se manejan simplemente con la ayuda de las manos.
La vibración del viento es una de las dificultades principales en este tipo de trabajo, porque habitualmente se suele trabajar con velocidades

lentas, lo que obliga a emplear diafragmas cerrados, no siempre posible pues muchos de los modelos no permiten menos de f/5.6. El viento es también el responsable de que no se suelan utilizar teleobjetivos, pues cualquier imagen magnificada es más sensible al movimiento.

TRABAJO EN EQUIPO

La naturaleza inmóvil, los objetos, suelen ser un tema sumamente agradecido y relajante en la vida de un fotógrafo, y cualquier trabajo comercial o editorial donde la fotografía tenga el protagonismo supone una oportunidad para trabajar a gusto y con eficacia. Incluso se pueden mostrar detalles sobre los resultados y prefijar todos los asuntos técnicos antes de ponerse a trabajar, aportando posteriormente cuantos asuntos sea necesarios en el laboratorio y montaje.

En estos trabajos la cámara se convierte en una herramienta del diseñador o director de arte y el fotógrafo es en un miembro más del equipo, planificando entre todos el resultado. La habilidad del fotógrafo para resolver problemas técnicos debe ser más intuitiva que razonada, y cuando el diseñador enseñe su primer boceto deberá realizar los comentarios oportunos sobre profundidad de campo o mostrando una perspectiva difícil, pero si ello mejora el esquema mostrado.

El boceto de un diseñador, a menudo el punto de partida, no siempre tiene en cuenta las reglas ópticas de la cámara, y por eso el fotógrafo debe mostrar las dificultades basadas en su buena experiencia profesional. La otra parte de su trabajo consiste en agregar, incluso en los últimos momentos, un pequeño detalle que lo mejore todo.

Normalmente el proceso en equipo es como sigue: el diseñador produce primero un boceto del esquema con el formato y las dimensiones del cuadro terminado, incluso la posición de los rótulos y cualquier otro elemento del plan, como el logotipo u otras fotografías. En esta fase, el fotógrafo tiene que decidir lo que aportará basándose en alguna fotografía anterior y mostrando las posibles dificultades. En algunas ocasiones el fotógrafo ya trae la fotografía elaborada y las discusiones se centran entonces en mejorar el esquema.

Si se necesita cualquier efecto especial o una imagen múltiple, por ejemplo, el diseñador o el fotógrafo tendrán que decidir quién será el responsable para ello. Retocar una fotografía, a mano, en laboratorio o con ordenador, pueden hacerse en cualquiera de las fases de la producción y no siempre se podrá establecer cuál es el mejor sistema. Puede ser más fácil cambiar el color de un automóvil retocando una diapositiva que hacerlo sobre el vehículo real. Del mismo modo, eliminar un fondo inadecuado puede ser mucho más fácil de hacer cuando la fotografía está terminada que en el propio escenario.

LA FOTOGRAFÍA CREATIVA

Todos sabemos lo que es un bodegón en el argot de la pintura, lo mismo que un decorado y un escaparate. En todos estos casos se trata de montar una serie de objetos relacionados entre sí y dotarles de cierta magia que los haga atractivos a la vista. Sin embargo, en el momento de realizar fotografías solemos trabajar solamente con los objetos presentes, dejando solamente cierto margen de creatividad en las luces y los colores del fondo. Pero esto es tan pobre, desde el punto de vista de la creatividad y la inventiva, que no lo podemos considerar como arte.

Un fotógrafo es ante todo un artista, más que un técnico, y debe ser capaz de conseguir plasmar mundos irreales, tanto como el mundo real. La vida cotidiana merece la pena fotografiarla porque, como hemos dicho, contiene detalles que solamente una fotografía puede mostrar y nos proporciona un regreso al pasado cada vez que la volvemos a mirar.

Esta faceta es hermosa y loable y a ellas se dedican la mayoría de los fotógrafos, aficionados o profesionales. Pero ¿dónde está la creatividad y la inventiva?. Estamos habituados que el cine muestre efectos especiales y nos lleve a mundos que no existen, salvo en nuestros sueños.

Lo extraño del caso es que la fotografía, aún siendo hermana gemela del cine, no emplea los mismos trucos y por ello no es habitual ver a fotógrafos enfrascados en un mundo de ciencia-ficción fotográfico.

Lo que le proponemos ahora es precisamente algo insólito: usted tiene que convertirse en un Steven Spielberg de la fotografía y además en su casa. Para eso no tiene nada más que hacer que revolver entre los juguetes de sus hijos en busca de personajes raros o entrañables, buscar pósters que empleará como un fondo irreal y fantasmagórico, y trabajar con cuantos utensilios caseros le puedan ser útiles.
Olvídese ya de los filtros especiales creados por los fabricantes, y hasta de cualquier accesorio que le prometa fotos sugerentes. Mire a su alrededor y encontrará cosas insólitas vistas desde otro punto de vista, como pueden ser envases de yoghurt agujereados, tubos de cartón de colores, focos empleando una simple lámpara redonda, y hasta algodón envuelto en tiras de cartón arrugado. Todo ello, más los juguetes y su imaginación, podrán proporcionar fotografías inéditas, distintas a lo que habitualmente se hace y que le servirán para impresionar a sus amigos.
Olvídese, pues, de enseñar siempre su aburrido álbum de fotos con recuerdos de la boda y los bautizos, y muestre un universo asombroso, más que nada porque ha sido realizado simplemente encima de la mesa de su salón.

Tampoco se olvide del "colage", esa técnica que consiste en recortar, pegar y pintar diferentes dibujos o fotografías y unirlas para conseguir una escena inédita. Puede mezclar en una misma fotografía a su actor o actriz preferida y hasta hacerles caminar por la Plaza Mayor de su ciudad, incluso cuando lleven muertos muchos años. Usted puede ser el piloto de una nave espacial o el capitán de un barco pirata, del mismo modo que podrá disponer de un traje de Supermán y volar llevando en sus brazos a Marilyn Monroe. Y todo ello simplemente eligiendo, recortando, mezclando y pegando todo en una cartulina, para realizar posteriormente una fotografía del conjunto.

TRABAJOS A CORTA DISTANCIA

La mayoría de las fotografías se toman a distancias que van desde unos centímetros hasta el infinito, y se diseñan las ópticas para trabajar mejor en estas condiciones. El límite para enfocar de cerca en la mayoría de las lentes está entre 0,5 y 1 metro, y considerablemente más en el caso de teleobjetivos, pero en la mayoría de los casos las distancias cortas deterioran la calidad de imagen.

Para la fotografía de cerca se necesita un equipo adicional y algunas técnicas especiales y quizá por ello los aficionados no gustan de este tipo de fotografía, aunque suponen una alternativa interesante, tanta como el uso del teleobjetivo o el montaje de bodegones.

El hecho de que captemos cosas e imágenes raras poco familiares, es su mayor atractivo.

Normalmente mucha gente considera que para acercar una imagen basta con ampliar un negativo pues relacionan el tamaño de la imagen con el tamaño del objeto: si la imagen en la fotografía es la mitad del tamaño original, entonces la ampliación es 0.5 x y la proporción de reproducción de 1 a 2.

La proporción de reproducción en la mayoría de las fotografías está en 1 a 7, pero la fotografía de cerca generalmente no conserva estas proporciones. Más allá de la reproducción al mismo tamaño del objeto, lo que se denomina como 1 a 1, la técnica se denomina como macrofotografía que puede emplearse para proporciones que no superen la relación 1 a 20. Una vez superada esta cifra hay que recurrir a un microscopio.

Para acercarse a distancias cortas, aproximadamente a ¼ del tamaño original, pueden emplearse lentes de aproximación simples que se colocan en el objetivo normal de la cámara. Están disponibles en varias potencias o aproximaciones, medidas en dioptrías, y funcionan con el principio elemental de traer el punto de enfoque más cerca.

Por ejemplo, una dioptría de +1, que es bastante débil, tiene una longitud focal de 1 m, por lo que si la ponemos delante de la lente de la cámara (enfocada al infinito), conseguirá un enfoque a 1 m y una proporción de 1 a 20.

Las lentes suplementarias están disponibles en juegos, normalmente desde +1 a +4 dioptrías, y pueden ponerse juntas para lograr una mayor aproximación. Sin embargo, la calidad de la imagen se deteriora notoriamente con las dioptrías más fuertes. La gran ventaja de estas lentes es que su empleo es muy simple y no necesitan ningún cálculo especial para la exposición.

Para la mayoría de los trabajos de aproximación y de macro, la técnica normal es aumentar la distancia entre la lente y la película. Con una cámara normal y ningún accesorio, el método habitual es enfocar y luego ampliar el negativo, sistema que aporta ciertas ventajas, entre ellas conservar una buena profundidad de campo. Pero la aportación de los anillos o fuelle de extensión permite definir el objeto e introducirnos en mundos que están vedados para los objetivos normales.

Los anillos son rígidos y el fuelle es ajustable, pero el primero no se deteriora y el segundo posiblemente sí. Todos hacen el mismo trabajo, pero en los estudios profesionales se prefiere el fuelle por ser más fácil de manejar y más adaptable, y algunos modelos permiten balancearlos y moverlos oblicuamente, algo que puede ser muy útil para aumentar al máximo la precisión. En el campo, sin embargo, la fragilidad de estos fuelles puede ser un estorbo, y los tubos de extensión son más convenientes.

Los mejores tubos y anillos tampoco afectan al funcionamiento del diafragma automático, aunque personalmente recomendaría prescindir de esa opción y efectuar todos los ajustes manualmente.
El mayor problema técnico en el trabajo a corta distancia (closeup) se refiere a calcular el aumento en la exposición, pues en la medida en que extendemos la lente se reduce la cantidad de luz que llega a la película. Si empleamos una lente de aproximación con la luz ambiental el fotómetro controla y ajusta automáticamente la diferencia, pero en otras situaciones, como cuando usamos un flash, los ajustes y los cálculos deberemos hacerlo manualmente y no es fácil, como tampoco es fácil utilizar luz rebotada en la macrofotografía. Igualmente, no existen reglas matemáticas ni orientaciones precisas por las cuales el aficionado se pueda guiar desde los primeros momentos. Solamente la práctica y muchos carretes inservibles, logran proporcionar finalmente buenos resultados.

Una segunda área que exige gran cuidado es la profundidad de campo, motivo por el cual ya hemos indicado que muchos fotógrafos prefieren las ampliaciones del negativo y renuncian a la macrofotografía. La práctica nos demuestra pronto que a menudo es difícil mostrar todas las partes importantes de una imagen, salvo las que poseen dos dimensiones, incluso aunque cerremos al máximo el diafragma y enfoquemos con precisión.

Una abertura pequeña es a menudo esencial, pero no olvidemos que esto puede debilitar la imagen a causa de la difracción (desviación del rayo luminoso al rozar el borde de un cuerpo opaco). La profundidad de campo puede, en teoría, ser verificada mirando los números que suelen incluir las lentes y haciendo nuestros propios cálculos, pero el único método fiable es la experiencia.

DÉCIMA PARTE

LA LUZ

Los principiantes de la fotografía suelen pensar que calcular la exposición es un proceso difícil, normalmente porque la mayoría de los fabricantes de cámaras lo hacen parecer más complicado de lo necesario, con objeto de promover las ventas del modelo automático. Mientras la medida de la exposición en situaciones especiales de luz necesita cuidado y un poco de experiencia, los principios son realmente bastante simples. No obstante, la mayor cantidad de cámaras vendidas son en la modalidad automática, controlando así la velocidad y el diafragma.

Lo primero que hay que asimilar es que no hay una medición "correcta" para una escena dada. Las diferentes exposiciones, cortas o largas, producen imágenes diferentes, y el objeto de leer las indicaciones de la máquina es lograr la combinación perfecta entre velocidad de obturación y abertura, pero producir una buena fotografía implican más cosas. En otras palabras, la exposición acertada no sólo depende del objeto de la fotografía y la calidad de la película, sino esencialmente del sentido artístico del fotógrafo.

En principio, si necesitamos calcular la exposición adecuada es para conseguir la luz correcta en la escena, pues deberá ser transferida hacia la película tan fielmente como sea posible o según la intención del fotógrafo.

La luminosidad es algo que puede medirse, y no está sujeta a interpretaciones personales. Por ejemplo, los momentos culminantes en un paisaje bien iluminado bajo un sol intenso podrían ser las partes más luminosas de algunas nubes, y los tonos más oscuros las sombras bajo los árboles y las piedras. Estos dos valores pondrán los límites para el brillo, pero pronto nos daremos cuenta que las zonas más iluminadas pueden tener hasta 500 veces más luz que las sombras más profundas.

El ojo humano puede ajustarse rápidamente a todos los tipos de iluminación e incluso puede acomodarse a las diferencias sin demasiada dificultad, pero ello aún no es posible con la fotografía. Todas las emulsiones son menos capaces que la retina del ojo y no pueden grabar cada tono fielmente en una escena como la descrita. Este es el mayor problema que tienen las películas profesionales, pues no pueden cubrir todas las zonas de alto contraste.

Estas consideraciones significan que conseguir una exposición eficaz involucra más que conseguir realizar un promedio sobre la luz de la escena. Primero hay que verificar si la película es adecuada a las necesidades de esa fotografía. Por ejemplo, un paisaje iluminado por el sol ya hemos dicho que puede tener un brillo de 500 con relación a las sombras, mientras que la mayoría de las películas negativas apenas consiguen controlar 400 y las diapositivas no llegan siquiera a los 300. Como resultado, nos encontramos con muchas situaciones en donde no pueden conservarse simultáneamente las sombras y los momentos culminantes.

Una escena con alto contraste en la cual realizáramos un promedio puede fotografiarse, pero esta exposición de compromiso nos haría perder detalle en las sombras más oscuras y algunos objetos desaparecerían, aunque se conservarían los tonos medios.

Una solución alternativa sería eludir deliberadamente las zonas de luz intensas, pero entonces las sombras no tendrían matices. Una tercera alternativa sería procurar mantener el detalle en las sombras, pero entonces las zonas más importantes, generalmente las iluminadas, quedarían fuertemente sobreexpuestas.

El procedimiento general es primero evaluar el nivel y tipo de luz en la escena, luego comparar esto con las cualidades de la película, y si los dos no son similares, elegir una opción de compromiso. Este procedimiento, sin embargo, requiere bastante tiempo para medir, y luego adivinar cuál es la exposición ideal para esa situación. En realidad, semejante postura no es práctica y lo mejor es que estemos ya familiarizados con la película y con esas condiciones de luz para poder realizar una valoración intuitiva.

Por eso los fotógrafos de estudio que salen a la calle no suelen ser personas prácticas y no están acostumbrados a tomar decisiones con tanta rapidez. En todo caso, hay muchas situaciones tan complicadas que es imposible resolverlas con precisión.

EMPLEO DE LA LUZ

La mayoría de las fotografías efectuadas tienen como fuente de luz el sol. Ya sea filtrado, difuminado o reflejado por las nubes, la niebla, o mediante una pared o una ventana, la luz del sol produce una gran variedad de condiciones de iluminación, frecuentemente difíciles de predecir.
Como todas las fuentes de luz, el sol tiene intensidad, color y dirección. El hecho de que esté a gran distancia de la Tierra hace que no sintamos demasiado sus cambios y las únicas diferencias notables están con relación a su posición sobre el horizonte. Cuando el cielo está despejado y se encuentra en su máxima altura al mediodía, la mayoría de las cámaras y películas funcionan perfectamente con 1/250 de segundo en películas de 125 ASA.
El color de la luz del sol también es constante, y los cambios que percibimos se deben a la atmósfera. La luz del sol es blanca a nuestros ojos, aunque en realidad se mueve entre el rojo y el azul intenso. Ya sabemos que todo lo que tiene calor se vuelve inicialmente rojo y en la medida en que aumenta

deriva hacia el azul y el blanco. El sol del mediodía ha sido establecido como estándar para medir la temperatura de color, denominada grados Kelvin, fijándose en 5400°. Esa cifra corresponde a la luz blanca.

Ojo con la climatología

La gran variedad existente en la luz natural proviene de los numerosos cambios en la atmósfera y la época del año. La longitud de onda que resulta más afectada por estos cambios es la luz Ultravioleta, curiosamente poco visible al ojo humano. En grandes altitudes de montaña las fotografías tienen una dominante azul distinta y es frecuente observar en la lejanía zonas con niebla.

Por otra parte, lo que vemos como tonalidad azul de la atmósfera está generada simplemente por partículas en la atmósfera (moléculas, polvo, gotas de agua) y es por esta razón que un cielo claro parece azul. Cuando el sol baja al horizonte se muestra rojo, pues la mayoría de las tonalidades de onda azules se han esparcido.

Las diferencias entre un cielo encapotado o con niebla están en la difusión de la luz. Cuanto más difusa y más tenue es la luz, más bajo es el contraste y más oscuras las zonas de luz. Una niebla suave, bien sea por partículas de polvo o polución, difumina la luz muy ligeramente y proporciona algo de luz a las sombras y suaviza los bordes de los objetos.

Cuando las nubes están altas y cubren totalmente el sol, la luz está tan difuminada que apenas nos permite distinguir las sombras y hasta resulta imposible saber la posición del sol. La situación más intensa de esta circunstancia es cuando la niebla está baja y no nos permite ver más allá de unos pocos metros.

La ventaja de la luz del sol es que también podemos reflejarla y un día soleado nos permite dirigir a voluntad, mediante reflectores adecuados, la luz del sol para conseguir aprovechar su natural temperatura de color. Las nubes también son reflectores eficaces y nos proporcionan todas las virtudes de la luz del sol pero no sus inconvenientes, entre ellas unas zonas de sombras más suaves. Por supuesto, las superficies luminosas existentes en la tierra también modifican la iluminación, y eso lo sabemos cuando estamos en zonas nevadas, mar o arena, lugares en los cuales interesa disminuir un diafragma.
El lector ya se habrá dado cuenta que no hay una condición de luz ideal, aunque sí las hay especialmente difíciles de controlar y aprovechar. Cada tipo de luz natural tiene sus ventajas y lo ideal es buscar aquella que posea pocos inconvenientes.

He aquí algunas de las condiciones de luz más frecuentes:

- Un tiempo nublado puede parecer como muy apropiado, pero no posee zonas intensas de luz y sombra, además de saturar los colores.
- La luz artificial manejada en los estudios es un modo cómodo de trabajar, pero necesita frecuentes correcciones que luego se perciben en las fotografías.
- La luz del flash se aproxima a la luz natural, pero produce reflejos y es difícil controlar sus resultados finales.
- La luz de la mañana proporciona buena textura y distribuye muy bien la luz en los árboles y la naturaleza, pero se acaba con rapidez y genera sombras alargadas.
- El crepúsculo produce siempre colores maravillosos y difíciles de igualar artificialmente. Combinado con luces artificiales es un recurso muy empleado por los fotógrafos, aunque no se puede prever de un día para otro.
- La noche también posee su luz característica, no hay nada absolutamente negro, pero requiere mucha pericia evaluar la exposición correcta.

De todo ello se deduce que no hay nada mejor ni nada tan imprevisible como la luz natural, ni nada tan excitante como cuando el sol comienza a salir por el horizonte o penetra brevemente por entre las nubes negras de un día de tormenta. Su incertidumbre casi siempre trae drama a un paisaje, y el hecho de que constituya una rareza y una oportunidad le da un interés especial.

No se olvide que una vez que ha cesado la tormenta el arco iris aparecerá bruscamente y solamente dispone de unos minutos para sacarle una foto.

Trabajar con la luz disponible

Entre la luz del día natural y la luz artificial está el flash, un sistema de iluminación que trata de aproximarse a la primera, aunque ninguna película ha sido elaborada especialmente para estos accesorios. Los interiores, calles y lugares públicos suelen estar iluminados con lámparas que no son aptas para la fotografía y no solamente por la tonalidad rojiza que ocasionan. Las luces de tungsteno, fluorescentes y las lámparas halógenas son los más comunes, y cada una emite luz con unos colores distintos que abarcan desde el naranja, verde, amarillo o azul.

Los principiantes no logran captar estas diferencias en el color, pues sus ojos se ajustan fácilmente a cualquier gama de color y todas terminan pareciéndoles igual. Sin embargo, una película nunca lo consigue y solamente imprime lo que existe, paradójicamente justo lo que debe hacer.

En la medida en que el voltaje de la lámpara de tungsteno recibe más voltaje o amperios, aumenta su temperatura de color, por lo que 500 vatios siempre aportarán más ventajas que 50.

La iluminación callejera, especialmente en las grandes avenidas urbanas, está plagada de cientos y hasta miles de luces de colores, cada una de una tonalidad e intensidad diferente. Lógicamente es imposible lograr una fotografía que equilibre a todas y lo que se suele hacer es emplear, simplemente, una para luz artificial. La fotografía nocturna, pues, entre la gran variedad de la iluminación y la necesidad de utilizar largas exposiciones, es siempre un asunto complicado, aunque los resultados suelen ser habitualmente interesantes.

Poniendo la cámara en B, el diafragma a 5,6 u 8, y abriendo el obturador durante 10 segundos, se logra una fotografía plagada de rayas y luces multicolores muy interesante si la efectuamos en una calle muy transitada de vehículos.

Por eso en la fotografía nocturna no siempre es recomendable corregir la temperatura de color, hasta acercarla a la luz natural, pues eso le quitaría su encanto natural. Las oportunidades gráficas que se logran con esta dominante de color es siempre una ventaja, aunque, de todas maneras, puede ser interesante realizar pequeñas correcciones tomando como referencia las luces más intensas y predominantes.

Un problema bastante más importante que estas diferencias en las luces lo tenemos en la distinta intensidad en la iluminación, pues es frecuente encontrar un escaparte intensamente iluminado junto a una farola antigua. Las intensas sombras que se generan en la noche son imposibles de aclarar y salvo que nos encontremos con una calle alumbrada uniformemente, lo mejor es que seleccionemos la zona a fotografiar.

De nuevo hay que insistir en que nuestros ojos son tan perfectos que equilibran la iluminación y hasta son capaces de diferenciar las distintas intensidades de sombras, pero no hay ninguna película fotográfica que sea capaz de tal proeza. Tenemos que acostumbrar a nuestros ojos a que diferencien las distintas temperatura del color de una manera rápida y que esa información nos llegue al cerebro. Esto es simplemente un ejercicio, lo mismo que lo debe ser seleccionar las zonas de contraste. Si el lugar elegido no es muy grande hay que recordar que el uso de uno o varios flash nos puede proporcionar una iluminación perfectamente equilibrada, especialmente en cuanto a iluminar zonas en sombra.

Uso correcto del flash

Aunque las lámparas de tungsteno han sido el soporte principal para trabajar en estudio a lo largo de la historia de fotografía y aún ahora es irreemplazable en algunos tipos de trabajo, en la mayoría de las ocasiones la ventaja del flash es incuestionable.

Entre sus ventajas tenemos:

- Congela el movimiento.

- No produce calor.
- Puede añadirse a cualquier otro tipo de iluminación.
- Su intensidad lumínica es muy alta.

Y entre sus inconvenientes:

- La velocidad de obturación debe sincronizarse entre 1/60 o 1/125 segundo, aunque existen otros modelos que permiten mayores cifras.
- Su temperatura de color es ligeramente superior a la que permite la película, lo que ocasiona un ligero matiz azul.
- La intensidad y el tiempo de nueva carga de la llamarada dependen de la potencia de los condensadores, siendo especialmente pequeños en las unidades más baratas o portátiles.

En las unidades de estudio, habitualmente instaladas sobre soportes, el trabajo del condensador es muy perfecto pues la fuente de alimentación es mediante la corriente eléctrica.
La exposición normalmente es controlada mediante un sistema automático o ajustando la cámara a las condiciones del flash, aunque si existe luz ambiental será conveniente hacer todo de modo manual. La recomendación en este caso es oscurecer todo el estudio, salvo cuando estemos planificando el escenario, pues así la única luz que se imprimirá será la que aporten las diversas unidades de flash.

Para superar la desventaja de no ser capaz ver el efecto del flash de antemano, algunos modelos de estudio están provistos de una luz de tungsteno que es demasiado débil para afectar la exposición real pero suficientemente luminosa para darle una vista previa al fotógrafo.

Respecto al flash portátil indudablemente no posee las prestaciones que los modelos de estudio, pero al menos nos proporcionan la luz necesaria de manera rápida y cómoda. En la fotografía periodística es mucho más importante lograr captar la imagen fugaz que se nos presenta, que la calidad de la foto. También son útiles para lograr suavizar sombras en una escena con altos contrastes, consiguiendo así aportar detalles que permanecían ocultos Aunque es posible emplear la luz del flash como fuente principal, lo mejor es que sirva de relleno y que no compita con la fuente principal de luz. Una proporción adecuada con luz día sería de una a tres o una a cuatro, siendo la primera el flash.

Lo que se debe evitar, salvo que no se disponga de tiempo para ello, es emplear el flash cerca de la cámara, pues genera ciertos problemas. El primero es que se ocasionan brillos en los objetos más cercanos y los que están lejos posiblemente sigan oscuros. El segundo es que este tipo de iluminación aplasta los relieves y no permite ver los objetos en tres dimensiones.

Cuando sostenemos la cabeza del flash lejos conseguimos una iluminación básica simple pero eficaz y si conseguimos reflejarla en una pared blanca y techo, la luz se difuminará homogéneamente.

Luces de tungsteno

Las lámparas de tungsteno son similares a las bombillas domésticas, pero son más potentes (generalmente a entre 500 vatios y 1000 vatios) y su temperatura de color es algo más alta. Aunque el flash electrónico las ha reemplazado, en el comercio siguen disponibles y con nuevos y mejores modelos. Algunos modelos son iguales a las bombillas domésticas, solo que más potentes y otras llevan incorporadas un reflector que aumenta su eficacia.

Estas son sus características:

- Son más baratas que el resto.
- Disponibles en cualquier lugar.
- Pero su filamento de tungsteno se vaporiza gradualmente con el tiempo y formas depósitos negros dentro del vidrio, con lo cual baja la temperatura de color y aumenta su temperatura.
- Algunos modelos más eficaces, las denominadas halógenas, poseen un filamento que aguanta altas temperaturas gracias a que el gas interno se vaporiza y se deposita en él, en lugar de en el vidrio.

La película tipo "luz artificial" está específicamente equilibrada para la mayoría de las lámparas de tungsteno que tengan una temperatura de color de 3200K y en caso de no disponer de un filtro o película adecuado una buena solución es emplear papel de celofán azulado a modo de pantalla, separándolo lo suficiente de la lámpara para que no se queme.

Una precaución con estas lámparas y especialmente cuando poseen una potencia similar a los 1000 vatios, es no tocarlas ni moverlas cuando hemos terminado, pues posiblemente se romperán a causa del gran calor acumulado. Ese mismo calor hace que su uso sea delicado cuando queramos retratar flores o helados y la gran cantidad de consumo eléctrico hace que no podamos enchufar varias lámparas similares en el mismo enchufe, pues posiblemente lo quemaríamos.

No obstante estos inconvenientes, poseen una cualidad insuperable, precisamente por formar parte habitual en nuestros hogares. Las podemos poner dentro de alguna o varias de las muchas lámparas o apliques existentes, con lo cual damos una sensación de naturalidad y no necesitamos esconderlas del visor. Este "truco" es empleado frecuentemente en el cine, y vemos que las lámparas hogareñas son bastante más luminosas que las habituales, pues dentro de ellas se esconde una de gran potencia.

También poseen ventajas con respecto al flash, el cual es muy difícil de graduar en las distancias cortas y poco útil en las grandes, obligando a efectuar diversos disparos y a calcular con más esmero la distribución de la luz. La luz de tungsteno, en suma, es fácil de situar, no necesita esconderse, es barata y se puede graduar a la intensidad que deseemos pues disponemos de reguladores de voltaje que hacen esta labor

TRABAJO EN EL ESTUDIO

El estudio tiene una ventaja excelente: le permite al fotógrafo ejercer el mando en cualquier circunstancia y en especial en lo referente a la luz. En una escena de interiores todo puede planificarse y prepararse según nuestras necesidades y allí no suelen darse los imprevistos.

Aunque existen también los asuntos técnicos, la parte más delicada es la calidad de iluminación, aunque los resultados óptimos dependen básicamente del tiempo disponible. Si no hay prisas, seguramente todo saldrá bien.

Las superficies brillantes del objeto a fotografiar es uno de los primeros problemas con los cuales nos tendremos que enfrentar, especialmente cuando se trata de los cristales de las gafas u otros objetos de metal habitualmente presentes. Si la luz incide en ellos y no nos damos cuenta, la fotografía magnificará estos reflejos y quedará arruinada.

Cada asunto, persona u objeto, presentará siempre problemas propios y exigirá nuevos ajustes en la iluminación, especialmente cuando tengamos que decidir qué rasgos acentuar y cuáles disminuir. Esto puede parecer ahora un inconveniente, pero constituye la esencia de la fotografía o la razón para entusiasmarse con ella. Preparar una escena, distribuir las luces, ajustar al objeto o persona y tener todos los detalles técnicos controlados, supone un esfuerzo importante, pero una gran satisfacción personal. Estamos tratando de crear algo que puede ser imperecedero o provocar emociones, nada que ver con otros trabajos rutinarios.

Por eso debemos acostumbrarnos a improvisar y a pensar, consiguiendo que cada situación sea diferente a la anterior. Puesto que en fotografía no hay normas rígidas, ni conceptos inamovibles, lo importante es disfrutar con el trabajo y efectuarlo relajadamente, algo que se consigue igualmente dentro de un estudio fotográfico.

He aquí unos consejos:

- Una sola luz, por ejemplo, es más simple y menos molesta que varias, y aunque supone más esfuerzo lograr que suministre la amplitud e intensidad que necesitamos, debemos tratar de lograr unos buenos resultados empleando el menor número de bombillas.
- Una foto de estudio nunca debe parecer artificial, retocada y lo mejor es que parezca

que ha sido efectuada espontáneamente. Es lo mismo que cuando nos referimos al maquillaje: el más perfecto es aquel que no se percibe.
- Hay que evitar fuertes iluminaciones frontales. Proporcionan pocas sombras y por consiguiente produce un efecto de aplastamiento, aunque da una buena saturación de color y muestra los más pequeños detalles.
- La iluminación situada sobre la cabeza, formando un ángulo recto con la cámara, es fácil de manejar y parece que todo es natural puesto que es así como suele ocurrir en la realidad. El sol está en lo alto, lo mismo que las lámparas industriales u hogareñas. No obstante, el inconveniente es que produce fuertes sombras y en los retratos acentúan las ojeras.
- La iluminación recomendable es siempre la lateral, empleando adicionalmente reflectores de poliestireno expandido o cartón blanco para conservar los detalles en las sombras.
- Con la luz detrás, situada en ángulo con la cámara, mejora la textura y se pierden detalles. Si el foco está situado totalmente detrás la silueta es muy intensa, aunque se emplea con frecuencia para efectos concretos.
- Puede emplear paraguas o focos, consiguiendo con cada uno resultados distintos. No siempre la luz rebotada o difusa es la mejor opción, pues una luz directa consigue efectos muy intensos y definidos.

LOS COLORES

La fotografía de color es posible por el hecho que el espectro completo de colores puede ser creado combinando simplemente tres colores, conocidos como primarios, que son el azul, verde y rojo.

Nuestros ojos son capaces de ajustarse para hacer ver las diferentes temperaturas del color (Kelvin), y por eso solemos pasar por alto la fuerte luz anaranjada del tungsteno y equilibramos instantáneamente el azul que existe en las sombras ocasionadas por el sol.

Las películas de diapositivas producen transparencias con imágenes positivas que se ven directamente o mediante un visor o proyector, siendo las preferidas en la reproducción gráfica de libros y revistas. Pero dado su pequeño tamaño, si queremos grabarlas a un CD-ROM necesitaremos emplear un escáner con un resolución óptica alta, por ejemplo 2700, y unos 30 bits de profundidad de color.

Las películas en color hay que juzgarlas y elegirlas en función de los colores que proporcionen y el granulado, en definitiva, lo que se denomina como definición y saturación de color. Los fabricantes suelen variar las tonalidades y la sensibilidad para situaciones específicas y pensando siempre en las necesidades reales del usuario. Un fabricante puede mejorar las tonalidades azules y otro que no se pierda la definición cuando se realicen ampliaciones.

También los hay que ponen especial interés en que los colores de la piel humana se muestren con suficiente claridad y belleza, pues saben que este es el uso habitual de sus clientes. En estos casos, no les importa alterar la realidad y proporcionan un ligero matiz rosa.

Últimamente, sin embargo, la lucha comercial para conseguir mantener el liderazgo de la fotografía en carrete y evitar el empuje de las cámaras digitales que les arruinaría parte de su negocio, ha promocionado las películas todo uso, con un amplio margen de error y que son capaces de captar la imagen en condiciones deplorables. Esto tiene el inconveniente de una gran pérdida de calidad, pero que solamente es apreciada por el experto y éste sigue empleando las películas denominadas profesionales.

www.ingramcontent.com/pod-product-compliance
Lightning Source LLC
Chambersburg PA
CBHW071757200526
45167CB00017B/339